SE 07

Curso
MAD360

La diferencia entre aprobar y sacar plaza

AF212166

Celador/Subalterno

SERVICIO MURCIANO DE SALUD

Si aún no dispones de tu **Curso MAD360**, te ofrecemos un acceso GRATIS de 30 días para que disfrutes de los siguientes recursos:

- Técnicas de Memoria 360.
- MADTEST: Test *online* Nivel PRO.
- Temario en formato digital.
- Vídeos.
- Esquemas.
- Planificación de estudio.
- Foro entre opositores hasta la fecha del examen.*
- Recursos y novedades exclusivas.
- Consúltanos sobre tu oposición y proceso selectivo.
- Actualizaciones legislativas (Boletines Oficiales) hasta 60 días antes de la fecha del examen.*

Para acceder a esta prueba del Curso MAD360** será necesaria la compra de todos los libros para esta especialidad de la edición 2026.

Regístrate en **mad.es/iniciar-sesion** y en la pestaña MIS CURSOS valida los códigos que encuentras en la última página de tus libros.

NOTA IMPORTANTE:

* Examen de esta categoría profesional correspondiente a la convocatoria publicada en el BORM núm. 291, de 18 de diciembre de 2025, o hasta el 28 de febrero de 2027, lo que se cumpla antes, y previa renovación del servicio.

** El acceso al CURSO MAD360 estará disponible desde febrero de 2026 (algunos recursos podrían estar disponibles en fecha posterior). Tendrá una duración de 30 días RENOVABLES mediante pago, desde la validación de códigos, o hasta el 31 de agosto de 2027, lo que se cumpla antes.

MAD se reserva el derecho a ampliar dichas fechas.

Celador/Subalterno del Servicio Murciano de Salud

Febrero, 2026

Celador/Subalterno del Servicio Murciano de Salud

Test del temario

Autores

DOMINGO GÓMEZ MARTÍNEZ
Licenciado en Derecho

LUIS SILVA GARCÍA
Diplomado Universitario en Enfermería

JOSÉ MANUEL ANIA PALACIO
Médico
Profesor de Enseñanza Secundaria. Rama Sanitaria

M.ª DEL CARMEN SILVA GARCÍA
Diplomada Universitaria en Enfermería
Técnica Especialista de Laboratorio

MANUEL ALÉS REINA
Diplomado Universitario en Enfermería

MIGUEL ÁNGEL NAVAS DUEÑAS
Ingeniero Superior en Telecomunicaciones
Profesor de Informática de Ciclos Formativos de Grado
Medio y Bachillerato

ÁLVARO GARDÓN FERNÁNDEZ
Técnico Especialista. Celador

JOSÉ LUIS GARRIDO VELA
Licenciado en Derecho

SERGIO JIMENO MOLINS
Ingeniero Superior en Telecomunicaciones
Profesor de Educación Secundaria Obligatoria y
Bachillerato

CARLOS TOJEIRO ALCALÁ
Ingeniero Informático
Titulado MCP de Microsoft

© 7 Editores Recursos para la Cualificación Profesional y el Empleo, S.L. (7 Editores)
© Los autores
Primera edición, febrero 2026 (110 páginas)
Derechos de edición reservados a favor de 7 Editores
IMPRESO EN ESPAÑA
Diseño Portada: 7 Editores
Edita: 7 Editores
Avda. San Francisco Javier, 9 · Edificio Sevilla 2 · Planta 11 · Módulos 25-27 · 41018 Sevilla
Teléfono: 954 784 411 · WEB: www.mad.es · e-mail: administracion@7editores.com
ISBN: 979-13-702-8516-6
© "Editorial Mad" y "Eduforma" son nombres comerciales registrados de
7 Editores Recursos para la Cualificación Profesional y el Empleo, S.L.

Índice

PARTE GENERAL

PARTE ESPECÍFICA

TEST
PARTE GENERAL

TEST N.º 1

Los derechos y deberes fundamentales en el Título I de la Constitución Española; la protección de la salud en la Constitución. La Ley Orgánica 4/1982, de 9 de junio, del Estatuto de Autonomía de la Región de Murcia: órganos institucionales y régimen jurídico

1. El derecho a la propiedad en nuestra Constitución es un Derecho:

a) Inherente a la condición humana.
b) Absoluto.
c) Que está limitado por la función social de la misma.
d) Ninguna de las respuestas anteriores es correcta.

2. Dispone la Carta Magna que todos contribuirán al sostenimiento de los gastos públicos de acuerdo con su capacidad económica mediante un sistema tributario justo inspirado en los principios de:

a) Legalidad y equidad.
b) Igualdad y progresividad.
c) Publicidad y legalidad.
d) Eficacia y sostenibilidad.

3. En virtud del principio de progresividad tributaria:

a) Se implantarán paulatinamente cada vez mayores tributos.
b) Los tipos impositivos serán regresivos.
c) Prima el principio de igualdad en el pago de los tributos.
d) Nada de lo expuesto es cierto.

4. Según la Constitución, el Estado es:

a) Apolítico.
b) Aconfesional.
c) De bienestar social.
d) Federal.

5. El derecho a la vida se consagra en el siguiente artículo de la Constitución:

a) 10.
b) 16.
c) 15.
d) 24.

6. La pena de muerte en España:

a) Ha quedado abolida.
b) Puede aplicarse en cualquier momento.
c) Solo se aplicará, en tiempo de guerra, a los militares.
d) Rige solo en el ámbito civil.

7. La inmediata puesta a disposición judicial derivada del *habeas corpus*, se produce por:

a) Detención ilegal.
b) Prisión ilegal.
c) Prisión preventiva.
d) Detención preventiva.

8. El proceso en el que se enjuicie a un presunto delincuente debe:

a) Ser sumario.
b) No dilatarse.
c) Entorpecer los instrumentos probatorios.
d) Nada de lo anterior es cierto.

9. La entrada en un domicilio en caso de flagrante delito, sin autorización de su titular:

a) Puede dar lugar a la aplicación del habeas corpus.
b) Requiere autorización previa de la autoridad judicial.
c) Puede efectuarse en todo momento.
d) No puede realizarse en momento alguno.

10. Cuando, al conocerse la comisión de un delito por una persona, se acude a su domicilio para detenerla:

a) Está obligada a franquear la entrada.
b) Se necesitará autorización judicial para entrar, si no da su consentimiento para ello.
c) Pese a que no dé su consentimiento, se puede entrar.
d) Nada de lo anterior es correcto.

11. La autorización previa para celebrar una manifestación pública:

a) La da el Subdelegado del Gobierno en la Provincia.
b) Es ineludible.
c) Sería inconstitucional.
d) Se da cuando no se prevean alteraciones al orden público, con peligro para personas o bienes.

12. El tipo de sufragio que consagra la Constitución es el:

a) Proporcional.
b) Universal.
c) Censitario.
d) Las respuestas a) y b) son correctas.

13. Además de la no autoinculpación, la Constitución prevé que no se está obligado a declarar sobre un hecho presuntamente delictivo en caso de:

a) Parentesco y afinidad.
b) Cláusula de conciencia.
c) Secreto profesional.
d) Las respuestas a) y b) son correctas.

14. Los Tribunales de Honor están prohibidos respecto de los/la/las:

a) Sindicatos y Organizaciones Profesionales.
b) Administración Civil y Militar.
c) Organizaciones Profesionales y la Administración Civil.
d) Todas las respuestas anteriores son correctas.

15. ¿En qué artículos de nuestra CE se recogen los derechos fundamentales y de las libertades públicas?

a) En los artículos 10 a 43.
b) En los artículos 25 a 38.
c) En los artículos 31 a 45.
d) En los artículos 15 a 29.

16. El Estatuto de Autonomía de la Región de Murcia fue aprobado a través de la Ley:

a) Ley Orgánica 4/1982, de 9 de junio.
b) Ley Orgánica 2/1984, de 6 de septiembre.
c) Ley Orgánica 4/1984, de 6 de junio.
d) Ley Orgánica 2/1982, de 9 de septiembre.

17. ¿De cuántos artículos consta el Estatuto de Autonomía de la Región de Murcia?

a) 45 artículos.
b) 55 artículos.
c) 69 artículos.
d) 82 artículos.

18. ¿Qué título del Estatuto de Autonomía de la Región de Murcia se refiere a los órganos institucionales?

a) Título Preliminar.
b) Título I.
c) Título II.
d) Título III.

19. Según el artículo 2 del Estatuto de Autonomía de la Región de Murcia, los poderes de la Comunidad Autónoma emanan de la Constitución, del Estatuto de Autonomía, y de:

a) El pueblo.
b) La Asamblea Regional.
c) Las leyes.
d) El Tratado de la Unión Europea.

20. La Comunidad Autónoma de Murcia se organiza territorialmente en:

a) Municipios.
b) Municipios y comarcas.
c) Municipios y mancomunidades.
d) Entidades locales e institucionales.

En MADTEST tienes **más preguntas de este tema**, y todos tus avances quedan registrados y se reflejan en el ranking.

¡Supera tus límites con MADTEST!

Solución al test n.º 1

1. c) Que está limitado por la función social de la misma.

2. b) Igualdad y progresividad.

3. d) Nada de lo expuesto es cierto.

4. b) Aconfesional.

5. c) 15.

6. a) Ha quedado abolida.

7. a) Detención ilegal.

8. b) No dilatarse.

9. c) Puede efectuarse en todo momento.

10. b) Se necesitará autorización judicial para entrar, si no da su consentimiento para ello.

11. c) Sería inconstitucional.

12. b) Universal.

13. c) Secreto profesional.

14. c) Organizaciones Profesionales y la Administración Civil.

15. d) En los artículos 15 a 29.

16. a) Ley Orgánica 4/1982, de 9 de junio.

17. b) 55 artículos.

18. c) Título II.

19. a) El pueblo.

20. b) Municipios y comarcas.

TEST N.º 2

**La Ley 14/1986, de 25 de abril, General de Sanidad:
la organización general del sistema sanitario público; los servicios
de salud de las comunidades autónomas; las áreas de salud.
La Ley 4/1994, de 26 de julio, de Salud de la Región de Murcia:
el mapa sanitario regional. El Servicio Murciano de Salud:
órganos de dirección, participación y gestión**

1. ¿Cómo se denomina el órgano de participación de las Áreas de Salud?

a) Consejo de salud de área.
b) Consejo de dirección de área.
c) Comisión de salud del área.
d) Comité de Participación del Área de Salud.

2. La universalización de la atención sanitaria pretendido por la Ley General de Sanidad comprende:

a) La equidad en el acceso a los servicios.
b) La regionalización sanitaria.
c) La descentralización en la gestión de los recursos sanitarios.
d) La cobertura sanitaria de la totalidad de la población.

3. La Ley 14/1986 de 25 de abril, General de Sanidad, se estructura en:

a) Un Título Preliminar, siete Títulos, diez Disposiciones Adicionales, seis Disposiciones Transitorias, dos Disposiciones Derogatorias y dieciséis Disposiciones Finales.
b) Un Título Preliminar, seis Títulos, diez Disposiciones Adicionales, siete Disposiciones Transitorias, dos Disposiciones Derogatorias y dieciséis Disposiciones Finales.
c) Un Título Preliminar, siete Títulos, diez Disposiciones Adicionales, siete Disposiciones Transitorias, tres Disposiciones Derogatorias y dieciséis Disposiciones Finales.
d) Un Título Preliminar, siete Títulos, diez Disposiciones Adicionales, seis Disposiciones Transitorias, tres Disposiciones Derogatorias y dieciséis Disposiciones Finales.

4. Los subsistemas sanitarios autonómicos se integran en:

a) El Sistema Nacional de Salud.
b) El Sistema Interterritorial de Salud.
c) El Centro de Coordinación Sanitaria.
d) Todas las respuestas anteriores son falsas.

5. La Ley 14/1986, de 25 de abril, General de Sanidad, establece que las piezas básicas de los Servicios de Salud de las Comunidades Autónomas son:

a) Las Áreas de Salud.
b) Los Distritos Sanitarios.
c) Las Comarcas Sanitarias.
d) Las Zonas de Salud.

6. La Ley 14/1986, de 25 de abril, General de Sanidad, tiene como objeto la regulación general de todas las acciones que permitan hacer efectivo el derecho a la protección de la salud reconocido en el artículo:

a) 15 de la Constitución Española.
b) 19 de la Constitución Española.
c) 33 de la Constitución Española.
d) 43 de la Constitución Española.

7. Las Áreas de Salud se delimitan teniendo en cuenta factores:

a) Climatológicos y de dotación de vías y medios de comunicación.
b) Geográficos y demográficos.
c) Socioeconómicos y culturales.
d) Todas las respuestas son correctas.

8. Como regla general el área de salud extenderá su acción a una población:

a) No inferior a 100.000 habitantes ni superior a 150.000.
b) No inferior a 200.000 habitantes ni superior a 250.000.
c) No inferior a 250.000 habitantes ni superior a 300.000.
d) No inferior a 300.000 habitantes ni superior a 500.000.

9. ¿Qué Comunidades Autónomas y/o Ciudades Autónomas se exceptúan de la regla que hemos visto en la pregunta anterior, pudiéndose acomodar a sus específicas peculiaridades?

a) Baleares, Ceuta y Melilla.
b) Baleares y Canarias.

c) Canarias, Ceuta y Melilla.
d) Baleares, Canarias, Ceuta y Melilla.

10. Según dispone al artículo 56.5 LGS, cada provincia tendrá, en todo caso y como mínimo:

a) Un área de salud.
b) Dos áreas de salud.
c) Tres áreas de salud.
d) Cuatro áreas de salud.

11. Es objeto de la Ley 4/1994, de 26 de julio, de Salud de la Región de Murcia:

a) La igualdad efectiva y corrección de los desequilibrios territoriales y sociales en las condiciones de acceso a los servicios sanitarios.
b) La regulación de todas las acciones que permitan hacer efectivos el derecho a la protección de la salud.
c) La mejora continuada de la calidad de la asistencia sanitaria.
d) El respeto y el reconocimiento de los derechos de los usuarios.

12. La universalización de la asistencia sanitaria para todos los residentes de derecho o de hecho en la Región de Murcia es:

a) El objeto de la Ley autonómica de Salud.
b) Un ideal inalcanzable.
c) Un principio informador de los servicios sanitarios autonómicos.
d) Un derecho contrario a la Constitución española.

13. ¿Cuántos representantes de la Comunidad Autónoma de Murcia pueden formar parte del Consejo de Administración del Servicio Murciano de Salud?

a) Tres.
b) Hasta cinco.
c) Hasta siete.
d) Hasta ocho.

14. Los Consejos de salud de área estarán constituidos por:

a) Las organizaciones sindicales más representativas, en una proporción no inferior al 50 %, a través de los profesionales sanitarios titulados.
b) La representación de los ciudadanos a través de las Corporaciones Locales comprendidas en su demarcación, que supondrá el 25 % de sus miembros.
c) La Administración sanitaria del área de salud.
d) Todas las respuestas son correctas.

15. El Gerente del área de salud será nombrado y cesado por la dirección del servicio de salud de la Comunidad Autónoma, a propuesta de:

a) El Consejo de dirección del área.
b) El Consejo de salud del área.
c) La Consejería de Sanidad de la Comunidad Autónoma.
d) El Consejo de Gerencia de la zona.

16. ¿A quién corresponde, según dispone el art. 60.3 LGS, presentar los anteproyectos del Plan de Salud y de sus adaptaciones anuales así como el proyecto de memoria anual del área de salud?

a) Al Consejo de salud del área.
b) Al Consejo de dirección del área.
c) Al Gerente del área de salud.
d) A las Consejerías de Sanidad de las Comunidades Autónomas.

17. Señala cuál de las siguientes es una de las funciones de los Consejos de Salud:

a) Conocer e informar el anteproyecto del Plan de Salud del área y de sus adaptaciones anuales.
b) Conocer e informar la memoria anual del área de salud.
c) Verificar la adecuación de las actuaciones en el área de salud a las normas y directrices de la política sanitaria y económica.
d) Todas las respuestas son correctas.

18. El Plan de Salud es:

a) La expresión de la política de salud a desarrollar por las Administraciones Públicas en Murcia.
b) El documento que integra los presupuestos del Servicio Murciano de Salud.
c) El mapa que contiene las demarcaciones sanitarias de la Región de Murcia.
d) El pliego de derechos y deberes de los usuarios del sistema sanitario murciano.

19. Las demarcaciones territoriales en las que se ordena el mapa sanitario de la Región de Murcia se denominan:

a) Zonas básicas de salud.
b) Áreas de Salud.
c) Comarcas Sanitarias.
d) Distritos Sanitarios.

20. El órgano superior de gobierno del Área de Salud es:

a) El Gerente de Área.
b) El Consejo de Administración.
c) El Consejo de Salud de Área.
d) El Consejo de dirección.

En MADTEST tienes **más preguntas de este tema**, y todos tus avances quedan registrados y se reflejan en el ranking.

¡Supera tus límites con MADTEST!

Solución al test n.º 2

1. a) Consejo de salud de área.

2. d) 116.

3. a) Un Título Preliminar, siete Títulos, diez Disposiciones Adicionales, seis Disposiciones Transitorias, dos Disposiciones Derogatorias y dieciséis Disposiciones Finales.

4. a) El Sistema Nacional de Salud.

5. a) Las Áreas de Salud.

6. d) 43 de la Constitución Española.

7. d) Todas las respuestas son correctas.

8. b) No inferior a 200.000 habitantes ni superior a 250.000.

9. d) Baleares, Canarias, Ceuta y Melilla.

10. a) Un área de salud.

11. b) La regulación de todas las acciones que permitan hacer efectivos el derecho a la protección de la salud.

12. c) Un principio informador de los servicios sanitarios autonómicos.

13. d) Hasta ocho.

14. c) La Administración sanitaria del área de salud.

15. a) El Consejo de dirección del área.

16. c) Al Gerente del área de salud.

17. d) Todas las respuestas son correctas.

18. a) La expresión de la política de salud a desarrollar por las Administraciones Públicas en Murcia.

19. b) Área de Salud.

20. d) El Consejo de dirección.

TEST N.º 3

Ley 55/2003, de 16 de diciembre, del Estatuto Marco del personal estatutario de los servicios de salud: derechos y deberes; promoción interna. Régimen disciplinario: faltas y sanciones

1. La Ley 55/2003 del Estatuto Marco de Personal Estatutario de los Servicios de Salud es aplicable:

a) Al personal estatutario de los servicios de salud.
b) Al personal sanitario excluyendo al personal de gestión y servicios.
c) Al personal funcionario de las Comunidades Autónomas.
d) Al personal funcionario del Estado.

2. El personal estatutario con nombramiento expedido para el ejercicio de una profesión o especialidad sanitaria se denomina:

a) Personal sanitario.
b) Otro personal.
c) Personal de mantenimiento.
d) Personal de gestión y servicios.

3. El personal estatutario con nombramiento expedido para el desempeño de funciones de gestión o para el desempeño de profesiones u oficios que no tengan carácter sanitario se denomina:

a) Personal universitario.
b) Personal de gestión y servicios.
c) Personal directivo.
d) Personal administrativo.

4. Según establece el art. 8 de la Ley 55/2003, de 16 de diciembre, del Estatuto Marco de los Servicios de Salud, es personal estatutario fijo:

a) El que, una vez superado el correspondiente proceso selectivo, obtiene un nombramiento para el desempeño, con carácter permanente, de las funciones que de tal nombramiento se deriven.
b) Todo el personal al servicio de los Servicios de Salud.

c) El personal que realice una prestación de servicios determinados de naturaleza temporal, coyuntural o extraordinaria.

d) El personal en posesión de un contrato laboral indefinido.

5. El funcionario sancionado con la separación del servicio no podrá concurrir a las pruebas de selección para la obtención de la condición de personal estatutario fijo, ni prestar servicios como personal estatutario temporal, durante:

a) Los 6 años siguientes.
b) Los 5 años siguientes.
c) Los 10 años siguientes.
d) La separación del servicio es definitiva.

6. La categoría profesional de Celador está comprendida dentro del grupo de:

a) Personal de gestión y servicios.
b) Personal no estatutario.
c) Personal estatutario sanitario.
d) Personal estatutario de formación profesional.

7. Es personal Estatutario Sanitario:

a) El que ejerce una profesión o especialidad sanitaria.
b) El que ostenta esta condición en virtud de nombramiento expedido para el ejercicio de una profesión o especialización sanitaria.
c) El que desempeña una categoría clasificada como sanitaria.
d) Quien ejerza una profesión sanitaria sin ostentar la condición de funcionario.

8. El personal Estatutario de Gestión y Servicio se clasifica en función del título exigido para el ingreso en:

a) Personal de formación universitaria, personal de formación personal y otro personal.
b) Personal universitario, personal de formación profesional y personal subalterno.
c) Personal licenciado universitario, personal de administración y personal auxiliar.
d) Ninguna es correcta.

9. El Estatuto Marco del Personal Estatutario de los Servicios de Salud está regulado por:

a) Una Ley orgánica.
b) Una Ley ordinaria.
c) Un Real Decreto.
d) Un Reglamento.

10. Podrá concurrir a las pruebas selectivas, por el sistema de promoción interna, el personal estatutario fijo que se encuentre en servicio activo y con nombramiento como personal estatutario fijo, en la categoría de procedencia, durante al menos:

a) 2 años.
b) 3 años.
c) 4 años.
d) 5 años.

11. Los procedimientos de selección de personal estatutario temporal se basarán en diferentes principios recogidos en el artículo 33.1 del Estatuto Marco del personal estatutario de los servicios de salud, entre los que no está el principio de:

a) Mérito.
b) Publicidad.
c) Solidaridad.
d) Capacidad.

12. No constituye un derecho individual del personal estatutario:

a) La estabilidad en el empleo.
b) La movilidad voluntaria.
c) El descanso necesario.
d) La negociación colectiva.

13. El régimen de derechos del personal estatutario será aplicable al personal temporal:

a) En la medida en que la naturaleza del derecho lo permita.
b) En todo caso.
c) En ningún caso.
d) Solo cuando así se establezca en su nombramiento.

14. Según el Estatuto Marco, la selección de personal estatutario fijo se efectuará con carácter general a través del sistema de:

a) Oposición.
b) Concurso-oposición.
c) Concurso.
d) Pruebas selectivas.

15. En relación con los derechos y deberes regulados en el Estatuto Marco, no se considera un derecho colectivo:

a) La huelga.
b) La actividad sindical.
c) La reunión.
d) La estabilidad en el empleo.

16. Entre los siguientes derechos que le reconoce el Estatuto Marco al personal estatutario, ¿cuál de ellos no tiene el carácter de derecho individual?

a) La estabilidad en el empleo.
b) El respeto a la dignidad e intimidad personal en el trabajo.
c) La formación continuada adecuada a la función desempeñada.
d) Disponer de servicios de prevención y de órganos representativos en materia de seguridad laboral.

17. El personal estatutario de los servicios de salud tiene el deber de:

a) Participar en la elaboración de los convenios colectivos.
b) Realizar sus funciones fuera del horario y jornada habitual.
c) Realizar actividades sindicales.
d) Respetar la Constitución, el Estatuto de Autonomía correspondiente y el resto del ordenamiento jurídico.

18. Según el Estatuto Marco del Personal Estatutario de los Servicios de Salud, ¿cuál de los siguientes es un derecho colectivo?

a) Derecho a la percepción puntual de las retribuciones e indemnizaciones por razón del servicio en cada caso establecidas.
b) Derecho a la libre sindicación.
c) Derecho a la movilidad voluntaria, promoción interna y desarrollo profesional, en la forma en que prevean las disposiciones en cada caso aplicables.
d) Derecho a la jubilación en los términos y condiciones establecidas en las normas en cada caso aplicables.

19. Son faltas muy graves:

a) La falta de obediencia debida a los superiores.
b) El acoso sexual, cuando el sujeto activo del acoso cree con su conducta un entorno laboral intimidatorio, hostil o humillante para la persona que es objeto del mismo.
c) El incumplimiento del deber de respeto a la Constitución o al respectivo Estatuto de Autonomía en el ejercicio de sus funciones.
d) La aceptación de cualquier tipo de contraprestación por los servicios prestados a los usuarios de los Servicios de Salud.

20. Conforme al artículo 6.2 de la Ley 55/2003, de 16 de diciembre, del Estatuto Marco del personal estatutario de los servicios de salud, atendiendo al nivel académico del título exigido para el ingreso, el personal estatutario sanitario de formación profesional se divide en:

a) Técnicos sanitarios y Auxiliares de Enfermería.
b) Técnicos superiores y Técnicos.
c) Técnicos superiores y Técnicos de gestión.
d) Técnicos especialistas y Técnicos.

En MADTEST tienes **más preguntas de este tema**, y todos tus avances quedan registrados y se reflejan en el ranking.

¡Supera tus límites con MADTEST!

Solución al test n.º 3

1. a) Al personal estatutario de los servicios de salud.

2. a) Personal sanitario.

3. b) Personal de gestión y servicios.

4. a) El que, una vez superado el correspondiente proceso selectivo, obtiene un nombramiento para el desempeño, con carácter permanente, de las funciones que de tal nombramiento se deriven.

5. a) Los 6 años siguientes.

6. a) Personal de gestión y servicios.

7. b) El que ostenta esta condición en virtud de nombramiento expedido para el ejercicio de una profesión o especialización sanitaria.

8. a) Personal de formación universitaria, personal de formación personal y otro personal.

9. b) Una Ley ordinaria.

10. a) 2 años.

11. c) Solidaridad.

12. d) La negociación colectiva.

13. a) En la medida en que la naturaleza del derecho lo permita.

14. b) Concurso-oposición.

15. d) La estabilidad en el empleo.

16. d) Disponer de servicios de prevención y de órganos representativos en materia de seguridad laboral.

17. d) Respetar la Constitución, el Estatuto de Autonomía correspondiente y el resto del ordenamiento jurídico.

18. b) Derecho a la libre sindicación.

19. c) El incumplimiento del deber de respeto a la Constitución o al respectivo Estatuto de Autonomía en el ejercicio de sus funciones.

20. b) Técnicos superiores y Técnicos.

TEST N.º 4

Situaciones administrativas, permisos y licencias en la Ley 55/2003, de 16 de diciembre, del Estatuto Marco del personal estatutario de los servicios de salud, la Ley 5/2001, de 5 de diciembre, de personal estatutario del Servicio Murciano de Salud y el Estatuto Básico del Empleado Público

1. La Ley 5/2001 regula específicamente:

a) El régimen jurídico de todo el personal del Servicio Murciano de Salud.
b) La relación funcionarial del personal sanitario dependiente de la Comunidad Autónoma.
c) El estatuto básico del personal sanitario del Sistema Nacional de Salud.
d) La relación estatutaria especial del personal estatutario como parte de la función pública regional.

2. ¿Cuál de los siguientes colectivos queda expresamente excluido del ámbito de aplicación de la Ley 5/2001?

a) El personal funcionario adscrito al Servicio Murciano de Salud.
b) El personal eventual del Servicio Murciano de Salud.
c) El personal estatutario temporal.
d) El personal estatutario en formación especializada.

3. El principio de inamovilidad en la relación de servicio del personal estatutario se configura principalmente como garantía de:

a) La estabilidad presupuestaria.
h) La profesionalización del acceso al empleo público.
c) La independencia en la prestación de servicios.
d) La carrera profesional horizontal.

4. El principio de libre circulación del personal estatutario fijo está condicionado a:

a) Las necesidades del servicio en cada centro.
b) La autorización del Consejo de Administración.

c) La negociación colectiva autonómica.

d) Los términos establecidos en la normativa básica estatal.

5. La aprobación de medidas que garanticen los servicios mínimos en caso de huelga corresponde a:

a) El Consejo de Gobierno de la Comunidad Autónoma.

b) El Consejo de Administración del Servicio Murciano de Salud.

c) El Director Gerente.

d) La Consejería de Sanidad y Consumo.

6. Según la Ley 5/2001, la competencia para aprobar la oferta de empleo público del personal estatutario corresponde a:

a) El Consejo de Gobierno.

b) El Director Gerente.

c) El Consejo de Administración.

d) La Consejería de Sanidad y Consumo.

7. La aprobación de las plantillas de los distintos centros de trabajo corresponde a:

a) El Consejo de Gobierno.

b) El Director Gerente.

c) El Consejo de Administración.

d) La Consejería de Sanidad.

8. ¿Qué órgano fija anualmente las normas y directrices en materia de régimen retributivo del personal estatutario?

a) El Consejo de Gobierno.

b) El Director Gerente.

c) El Consejo de Administración.

d) La Mesa de Negociación.

9. La jefatura del personal estatutario del Servicio Murciano de Salud corresponde a:

a) El Consejo de Gobierno.

b) El Director Gerente.

c) El Consejo de Administración.

d) El Consejero de Sanidad.

10. En el Registro de Personal del Servicio Murciano de Salud:

a) Pueden constar datos relativos a ideología política si son relevantes.

b) Solo se inscriben los datos económicos del personal.

c) No puede figurar información relativa a raza, religión u opinión.
d) Únicamente se inscriben los actos administrativos firmes.

11. La inclusión de nuevas retribuciones en nómina exige previamente:

a) La autorización de la Mesa de Negociación.
b) Su comunicación al Registro de Personal.
c) La aprobación del Consejo de Administración.
d) La publicación en el BORM.

12. De conformidad con la Ley 5/2001, el periodo máximo de permanencia en la situación de expectativa de destino es de:

a) Seis meses.
b) Un año.
c) Dos años.
d) Tres años.

13. El incumplimiento de las obligaciones inherentes a la excedencia forzosa puede determinar:

a) La apertura automática de expediente disciplinario.
b) El pase a la situación de servicios especiales.
c) La pérdida definitiva de la plaza.
d) El pase a la excedencia voluntaria por interés particular.

14. El personal estatutario fijo permanecerá en servicio activo cuando:

a) Se encuentre en expectativa de destino.
b) Esté disfrutando de vacaciones o permisos.
c) Preste servicios en otra Administración pública.
d) Se halle en excedencia forzosa.

15. Según la Ley 5/2001, el personal estatutario en excedencia forzosa tiene derecho a percibir:

a) Todas las retribuciones básicas y complementarias.
b) Únicamente el complemento de destino.
c) Las retribuciones básicas y el cómputo de trienios.
d) Exclusivamente los trienios reconocidos.

16. La duración mínima de la excedencia voluntaria por interés particular es de:

a) Un año.
b) Dos años.

c) Tres años.
d) Cinco años.

17. Según la Ley 5/2001, la duración máxima de la excedencia por cuidado de cada hijo es de:

a) Un año.
b) Dos años.
c) Tres años.
d) Cuatro años.

18. Según la Ley 5/2001, el número de días hábiles de vacaciones anuales tras cumplir veinte años de servicio es de:

a) 22 días.
b) 23 días.
c) 24 días.
d) 25 días.

19. La jornada ordinaria máxima para el personal estatutario del Servicio Murciano de Salud con dedicación normal es de:

a) 35 horas semanales.
b) 40 horas semanales.
c) 37 horas semanales.
d) 37 horas y media semanales de promedio anual.

20. Según el Estatuto Marco, siempre que la duración de la jornada exceda de seis horas continuadas, deberá establecerse un periodo de descanso durante la misma de al menos:

a) 10 minutos.
b) 15 minutos.
c) 20 minutos.
d) 30 minutos.

En MADTEST tienes **más preguntas de este tema**, y todos tus avances quedan registrados y se reflejan en el ranking.

¡Supera tus límites con MADTEST!

Solución al test n.º 4

1. d) La relación estatutaria especial del personal estatutario como parte de la función pública regional.

2. a) El personal funcionario adscrito al Servicio Murciano de Salud.

3. c) La independencia en la prestación de servicios.

4. d) Los términos establecidos en la normativa básica estatal.

5. a) El Consejo de Gobierno de la Comunidad Autónoma.

6. c) El Consejo de Administración.

7. b) El Director Gerente.

8. a) El Consejo de Gobierno.

9. b) El Director Gerente.

10. c) No puede figurar información relativa a raza, religión u opinión.

11. b) Su comunicación al Registro de Personal.

12. b) Un año.

13. d) El pase a la excedencia voluntaria por interés particular.

14. b) Esté disfrutando de vacaciones o permisos.

15. c) Las retribuciones básicas y el cómputo de trienios.

16. b) Dos años.

17. c) Tres años.

18. c) 24 días.

19. d) 37 horas y media semanales de promedio anual.

20. b) 15 minutos.

TEST N.º 5

Ley 39/2015, de 1 de octubre, del Procedimiento Administrativo Común de las Administraciones Públicas: derecho y obligación de relacionarse electrónicamente con la Administración. Ley 40/2015, de 1 de octubre, de Régimen Jurídico del Sector Público: la sede electrónica; la responsabilidad de las autoridades y personal al servicio de las Administraciones Públicas

1. Cuál de las siguientes leyes regula el derecho y obligación de relacionarse electrónicamente con la Administración:

a) La Ley 3/2007, de 22 de marzo.
b) La Ley 39/2015, de 1 de octubre.
c) La Ley 2/2018, de 5 de diciembre.
d) La Ley 40/2015, de 1 de octubre.

2. Cuál es el plazo para la práctica de las pruebas admitidas y cualesquiera otras que el órgano competente estime oportunas previsto en la Ley de Procedimiento Administrativo Común de las Administraciones Públicas en el procedimiento para la exigencia de la responsabilidad de las autoridades y personal al servicio de las Administraciones Públicas:

a) Diez días.
b) Quince días.
c) Veinte días.
d) Un mes.

3. Qué artículo de la Ley 39/2015, de 1 de octubre, del Procedimiento Administrativo Común de las Administraciones Públicas regula el derecho y obligación de relacionarse electrónicamente con las Administraciones Públicas:

a) El artículo 11.
b) El artículo 13.
c) El artículo 14.
d) El artículo 23.

4. Quiénes de los siguientes están obligados, en todo caso, a relacionarse a través de medios electrónicos con las Administraciones Públicas para la realización de cualquier trámite de un procedimiento administrativo:

a) Las entidades sin personalidad jurídica.

b) Las personas jurídicas.

c) Quienes ejerzan una actividad profesional para la que se requiera colegiación obligatoria, para los trámites y actuaciones que realicen con las Administraciones Públicas en ejercicio de dicha actividad profesional.

d) Todas las respuestas son correctas.

5. Señala la respuesta incorrecta:

a) El medio elegido por la persona para comunicarse con las Administraciones Públicas no podrá ser modificado por aquella una vez lo haya comunicado a la Administración.

b) Están obligados, en todo caso, a relacionarse a través de medios electrónicos con las Administraciones Públicas para la realización de cualquier trámite de un procedimiento administrativo, quienes representen a un interesado que esté obligado a relacionarse electrónicamente con la Administración.

c) Los notarios y registradores de la propiedad y mercantiles estarán obligados a relacionarse a través de medios electrónicos con las Administraciones Públicas para la realización de cualquier trámite de un procedimiento administrativo.

d) Las personas físicas podrán elegir en todo momento si se comunican con las Administraciones Públicas para el ejercicio de sus derechos y obligaciones a través de medios electrónicos o no, salvo que estén obligadas a relacionarse a través de medios electrónicos con las Administraciones Públicas.

6. En qué artículo de la Ley 40/2015, de 1 de octubre, de Régimen Jurídico del Sector Público se regula la sede electrónica:

a) En el artículo 27.

b) En el artículo 33.

c) En el artículo 38.

d) En el artículo 43.

7. Cada Administración Pública determinará las condiciones e instrumentos de creación de las sedes electrónicas, con sujeción a los principios de:

a) Transparencia, publicidad, responsabilidad, calidad, seguridad, disponibilidad, accesibilidad, neutralidad e interoperabilidad.

b) Transparencia, igualdad, responsabilidad, calidad, seguridad, disponibilidad, accesibilidad, neutralidad e interoperabilidad.

c) Transparencia, igualdad, responsabilidad, eficacia, calidad, seguridad, disponibilidad, accesibilidad, neutralidad e interoperabilidad.

d) Transparencia, igualdad, responsabilidad, eficiencia, calidad, seguridad, disponibilidad, accesibilidad, neutralidad e interoperabilidad.

8. Cómo denomina la Ley 40/2015, de 1 de octubre a aquella dirección electrónica, disponible para los ciudadanos a través de redes de telecomunicaciones, cuya titularidad corresponde a una Administración Pública, o bien a una o varios organismos públicos o entidades de Derecho Público en el ejercicio de sus competencias:

a) Portal electrónico.
b) Portal web.
c) Sede virtual.
d) Sede electrónica.

9. Cuál es el plazo para la formulación de la propuesta de resolución previsto en la Ley de Procedimiento Administrativo Común de las Administraciones Públicas en el procedimiento para la exigencia de la responsabilidad de las autoridades y personal al servicio de las Administraciones Públicas:

a) Cinco días a contar desde la finalización del trámite de audiencia.
b) Siete días a contar desde la finalización del trámite de audiencia.
c) Diez días a contar desde la finalización del trámite de audiencia.
d) Quince días a contar desde la finalización del trámite de audiencia.

10. En qué ley se regula la responsabilidad patrimonial de las Administraciones Públicas:

a) En la Ley 39/2015, de 1 de octubre.
b) En la Ley 11/2007, de 22 de junio.
c) En la Ley 40/2015, de 1 de octubre.
d) En la Ley 3/2007, de 22 de marzo.

11. La Administración correspondiente, cuando hubiere indemnizado a los lesionados, exigirá de oficio en vía administrativa de sus autoridades y demás personal a su servicio la responsabilidad en que hubieran incurrido por dolo, o culpa o negligencia graves, previa instrucción del correspondiente procedimiento. Señala cuál de los siguientes no es uno de los criterios que se ponderarán para exigir dicha responsabilidad y, en su caso, para su cuantificación:

a) El grado de culpabilidad.
b) El historial profesional del empleado público que ocasionó el perjuicio al administrado.
c) La responsabilidad profesional del personal al servicio de las Administraciones públicas.
d) El resultado dañoso producido.

12. Cuándo instruirá la Administración procedimiento a las autoridades y demás personal a su servicio por los daños y perjuicios causados en sus bienes o derechos:

a) Cuando hubiera concurrido negligencia grave.
b) Cuando hubiera concurrido dolo.
c) Cuando hubiera concurrido culpa.
d) Todas las respuestas son correctas.

13. Cuál es el plazo de alegaciones previsto en la Ley de Procedimiento Administrativo Común de las Administraciones Públicas en el procedimiento para la exigencia de la responsabilidad de las autoridades y personal al servicio de las Administraciones Públicas:

a) Diez días.
b) Quince días.
c) Veinte días.
d) Un mes.

14. Cuál fue la primera norma legal que estableció el derecho de los ciudadanos a relacionarse electrónicamente con las Administraciones Públicas, así como la obligación de éstas de dotarse de los medios y sistemas necesarios para que ese derecho pudiera ejercerse:

a) La Ley 11/2007, de 22 de junio.
b) La Ley 30/1992, de 26 de noviembre.
c) La Ley 40/2015, de 1 de octubre.
d) La Ley 39/2015, de 1 de octubre.

15. Cuál es el plazo de audiencia previsto en la Ley de Procedimiento Administrativo Común de las Administraciones Públicas en el procedimiento para la exigencia de la responsabilidad de las autoridades y personal al servicio de las Administraciones Públicas:

a) Diez días.
b) Quince días.
c) Veinte días.
d) Un mes.

16. Qué conlleva para su titular el establecimiento de una sede electrónica:

a) La actualización de la información y los servicios a los que pueda accederse a través de la misma.
b) La veracidad de la información y los servicios a los que pueda accederse a través de la misma.
c) La integridad de la información y los servicios a los que pueda accederse a través de la misma.
d) Todas las respuestas son correctas.

17. Señala la respuesta incorrecta:

a) En todo caso, la exigencia de responsabilidad penal del personal al servicio de las Administraciones Públicas suspenderá los procedimientos de reconocimiento de responsabilidad patrimonial que se instruyan.
b) La resolución declaratoria de responsabilidad pone fin a la vía administrativa.

c) La Administración correspondiente, cuando hubiere indemnizado a los lesionados, exigirá de oficio en vía administrativa de sus autoridades y demás personal a su servicio la responsabilidad en que hubieran incurrido por dolo, o culpa o negligencia graves, previa instrucción del correspondiente procedimiento.

d) La responsabilidad penal del personal al servicio de las Administraciones Públicas, así como la responsabilidad civil derivada del delito se exigirá de acuerdo con lo previsto en la legislación correspondiente.

18. Cuál es el plazo de resolución por el órgano competente previsto en la Ley de Procedimiento Administrativo Común de las Administraciones Públicas en el procedimiento para la exigencia de la responsabilidad de las autoridades y personal al servicio de las Administraciones Públicas:

a) Cinco días.
b) Diez días.
c) Quince días.
d) Veinte días.

19. En qué capítulo y sección de la Ley 40/2015, de 1 de octubre, de Régimen Jurídico del Sector Público, se regula la responsabilidad patrimonial de las Administraciones Públicas:

a) En la Sección 1ª del Capítulo IV.
b) En la Sección 2ª del Capítulo IV.
c) En la Sección 2ª del Capítulo V.
d) En la Sección 3ª del Capítulo V.

20. Quién determinará las condiciones e instrumentos de creación de las sedes electrónicas, con sujeción a los principios de transparencia, publicidad, responsabilidad, calidad, seguridad, disponibilidad, accesibilidad, neutralidad e interoperabilidad:

a) El Ministerio de Asuntos Económicos y Transformación Digital.
b) La Secretaría de Estado de Digitalización e Inteligencia Artificial.
c) Cada Administración Pública.
d) La Entidad Pública Empresarial Red.es

En MADTEST tienes **más preguntas de este tema**, y todos tus avances quedan registrados y se reflejan en el ranking.

¡Supera tus límites con MADTEST!

Solución al test n.º 5

1. b) La Ley 39/2015, de 1 de octubre.

2. b) Quince días.

3. c) El artículo 14.

4. d) Todas las respuestas son correctas.

5. a) El medio elegido por la persona para comunicarse con las Administraciones Públicas no podrá ser modificado por aquella una vez lo haya comunicado a la Administración.

6. c) En el artículo 38.

7. a) Transparencia, publicidad, responsabilidad, calidad, seguridad, disponibilidad, accesibilidad, neutralidad e interoperabilidad.

8. d) Sede electrónica.

9. a) Cinco días a contar desde la finalización del trámite de audiencia.

10. c) En la Ley 40/2015, de 1 de octubre.

11. c) La responsabilidad profesional del personal al servicio de las Administraciones públicas.

12. d) Todas las respuestas son correctas.

13. b) Quince días.

14. a) La Ley 11/2007, de 22 de junio.

15. a) Diez días.

16. d) Todas las respuestas son correctas.

17. a) En todo caso, la exigencia de responsabilidad penal del personal al servicio de las Administraciones Públicas suspenderá los procedimientos de reconocimiento de responsabilidad patrimonial que se instruyan.

18. a) Cinco días.

19. b) En la Sección 2ª del Capítulo IV.

20. c) Cada Administración Pública.

TEST N.º 6

Ley 31/1995, de 8 de noviembre, de Prevención de Riesgos Laborales: objeto y definiciones; derecho a la protección frente a los riesgos laborales; principios de la acción preventiva; equipos de trabajo y medios de protección; formación de los trabajadores; servicios de prevención: concepto y funciones. Conceptos básicos sobre riesgos laborales: definición de Seguridad en el Trabajo, Higiene Industrial, Ergonomía y Psicosociología. Normas generales de actuación en caso de incendio y evacuación. Tipos y manejo de extintores

1. ¿Qué se entiende por "riesgo laboral"?

a) La posibilidad de que un trabajador sufra un determinado daño derivado del trabajo.
b) La posibilidad de que un trabajador sufra una enfermedad en el trabajo.
c) La posibilidad de que un trabajador sufra acoso.
d) El riesgo que supone el ir a trabajar.

2. Indica cuál es la definición de prevención:

a) La probabilidad racional de que un riesgo se materialice de forma inminente.
b) El estudio de los procesos potencialmente peligrosos para el trabajo.
c) Conjunto de actividades o medidas adoptadas o previstas en todas las fases de actividad de la empresa con el fin de evitar o disminuir los riesgos derivados del trabajo.
d) Posibilidad de que un trabajador sufra un determinado daño derivado del trabajo.

3. Según establece el art. 4 de la Ley 31/1995, de 8 de noviembre, de Prevención de Riesgos Laborales, se define como daños derivados del trabajo.

a) La posibilidad de que un trabajador sufra un determinado daño derivado del trabajo.
b) El que resulte probable racionalmente que se materialice en un futuro inmediato y pueda suponer y pueda suponer un daño grave para la salud de los trabajadores.
c) Las enfermedades, patologías o lesiones sufridas con motivo u ocasión del trabajo.
d) Cualquier máquina, aparato, instrumento o instalación utilizada en el trabajo.

4. Se considera como "condición de trabajo":

a) Cualquier característica del trabajo que pueda tener una influencia significativa en la generación de riesgos para la seguridad y la salud del trabajador, quedando excluidas las características generales de los locales e instalaciones, existentes en el centro de trabajo.

b) La naturaleza de los agentes físicos, químicos y biológicos presentes en el ambiente de trabajo y sus correspondientes intensidades, concentraciones o niveles de presencia además de las instalaciones, incluidas las características organizativas del trabajo.

c) Todas aquellas características del trabajo, excluidas las relativas a su organización y ordenación, que influyan en la magnitud de los riesgos a que esté expuesto el trabajador.

d) Todas son correctas.

5. Para calificar un riesgo desde el punto de vista de su gravedad, se valorarán conjuntamente la severidad del daño y:

a) La probabilidad de que se produzca.

b) La cantidad de trabajadores de la empresa.

c) La existencia o no de equipos individuales de protección.

d) Las condiciones de trabajo.

6. Según recoge el artículo 4 de la Ley 31/1995, quedan específicamente incluidas en la definición de condición de trabajo:

a) Las características particulares de los locales, instalaciones, equipos, productos y demás útiles existentes en el centro de trabajo.

b) La naturaleza de los agentes físicos, químicos y biológicos presentes en el ambiente de trabajo y sus correspondientes intensidades, concentraciones o niveles de presencia.

c) Los procedimientos para la utilización de los agentes citados anteriormente que no influyan en la generación de los riesgos mencionados.

d) Todas aquellas otras características del trabajo, excluidas las relativas a su organización y ordenación, que influyan en la magnitud de los riesgos a que esté expuesto el trabajador.

7. El derecho básico reconocido a los trabajadores por la Ley 31/1995, de 8 de noviembre, es:

a) La vigilancia de su estado de salud.

b) Una protección eficaz en materia de seguridad y salud en el trabajo.

c) La formación en materia preventiva.

d) La información, consulta y participación de los trabajadores.

8. Entre los principios de la acción preventiva recogidos por el artículo 15 de la Ley de Prevención de Riesgos Laborales, no figura:

a) Evitar los riesgos.

b) Evaluar los riesgos que se puedan evitar.

c) Tener en cuenta la evolución de la técnica.
d) Dar las debidas instrucciones a los trabajadores.

9. La prevención de riesgos laborales deberá integrarse en el sistema general de gestión de la empresa a través de:

a) La política preventiva.
b) El plan de prevención.
c) El consenso de las partes.
d) El poder de decisión del empresario.

10. Podrán realizar el plan de prevención de riesgos laborales, la evaluación de riesgos y la planificación de la actividad preventiva de forma simplificada, en atención a la naturaleza y peligrosidad de las actividades realizadas, empresas cuyo número de trabajadores no exceda de:

a) 30.
b) 50.
c) 80.
d) 100.

11. En relación con la vigilancia de la salud que ha de garantizar el empresario, el acceso a la información médica de carácter personal:

a) Se limitará al empresario y a los Servicios de Prevención propios.
b) Se limitará al Jefe inmediato del trabajador.
c) Sólo será accesible al propio trabajador.
d) Se limitará al personal médico y a las autoridades sanitarias que lleven a cabo la vigilancia.

12. En relación con la vigilancia de la salud, no es cierto que:

a) El derecho a la vigilancia periódica del estado de salud puede prolongarse más allá de la finalización de la relación laboral.
b) Las medidas de vigilancia y control se llevarán a cabo por personal sanitario.
c) Los resultados de la vigilancia de la salud serán comunicados a los representantes de los trabajadores.
d) Se deberá optar por la realización de aquellos reconocimientos o pruebas que causen las menores molestias al trabajador.

13. El posible cambio de puesto de trabajo con riesgo para una trabajadora embarazada:

a) Deberá realizarse en caso de imposibilidad de adaptación del propio puesto.
b) Se hará previo informe en tal sentido del Servicio de Prevención.

c) Se determinará por el empresario, y dará información a los representantes de los trabajadores.

d) Se extenderá al período de lactancia.

14. ¿Cuándo se deben utilizar los equipos de protección individual?

a) Siempre.

b) Cuando los riesgos no hayan sido evaluados.

c) Cuando los riesgos no se puedan evitar o no puedan limitarse.

d) Cuando el trabajador lo estime oportuno.

15. Según el artículo 19 de la Ley de Prevención de Riesgos Laborales, la formación teórica y práctica en materia preventiva deberá:

a) Impartirse en horario dentro de la jornada de trabajo.

b) Impartirse por igual en jornada de trabajo y fuera del horario de trabajo.

c) Impartirse, siempre que sea posible, dentro de la jornada de trabajo o, en su defecto, en otras horas, pero con el descuento en aquella del tiempo invertido en la misma.

d) La formación teórica siempre debe ser en horario dentro de la jornada de trabajo y la formación práctica puede impartirse tanto dentro como fuera de la jornada de trabajo.

16. Las trabajadoras embarazadas, ¿tienen derecho a ausentarse del trabajo para la realización de exámenes prenatales y técnicas de preparación al parto?

a) Sí, con derecho a remuneración, previo aviso al empresario y justificación de la necesidad de su realización dentro de la jornada de trabajo.

b) Sí, con derecho a remuneración, sin necesidad de avisar al empresario ni justificar la necesidad de su realización dentro de la jornada de trabajo.

c) Sí, sin derecho a remuneración, previo aviso al empresario y justificación de la necesidad de su realización dentro de la jornada de trabajo.

d) No, en ningún caso.

17. El empresario deberá constituir un servicio de prevención propio siempre que se trate de empresas que cuenten con:

a) Más de 500 trabajadores.

b) Menos de 250 trabajadores.

c) Más de 250 trabajadores.

d) Más de 250 y menos de 500 trabajadores.

18. Según la Ley de Prevención de Riesgos Laborales, es obligación de los trabajadores en materia de prevención de riesgos:

a) La protección eficaz en materia de seguridad y salud en el trabajo.

b) Utilizar correctamente los medios y equipos de protección facilitados por el empresario, de acuerdo con las instrucciones recibidas de éste.

c) Soportar el coste de las medidas relativas a la seguridad y la salud en el trabajo.

d) Desarrollar una acción permanente de seguimiento de la actividad preventiva.

19. Cuando los trabajadores estén expuestos a un riesgo grave e inminente con ocasión de su trabajo, y el empresario no adopte o no permita la adopción de las medidas necesarias para garantizar la seguridad y la salud de los trabajadores, la Ley 31/1995, de 8 de noviembre, de Prevención de Riesgos Laborales prevé que:

a) Los trabajadores afectados podrán paralizar la actividad.

b) El órgano de representación del personal instará formalmente al empresario a la adopción de las medidas necesarias.

c) Los Delegados de Prevención lo comunicarán a la autoridad laboral, que adoptará las medidas necesarias.

d) El órgano de representación de personal podrá acordar la paralización de la actividad.

20. El art. 21 de la LPRL establece los requisitos y el procedimiento para que los representantes legales de los trabajadores acuerden la paralización de la actividad de los trabajadores que están o puedan estar expuestos a un riesgo grave e inminente si el empresario no adopta las medidas necesarias para garantizar la seguridad y salud de los trabajadores. La medida será adoptada por:

a) Acuerdo por mayoría absoluta de sus miembros. Tal acuerdo será comunicado de inmediato a la empresa y a la autoridad laboral, la cual, en el plazo de 48 horas, anulará o ratificará la paralización acordada.

b) Acuerdo por mayoría de 2/3 de sus miembros. Tal acuerdo será comunicado de inmediato a la empresa y a la autoridad laboral, la cual, en el plazo de 24 horas, anulará o ratificará la paralización acordada.

c) Acuerdo por mayoría de sus miembros. Tal acuerdo será comunicado de inmediato a la empresa y a la autoridad laboral, la cual, en el plazo de 48 horas, anulará o ratificará la paralización acordada.

d) Acuerdo por mayoría de sus miembros. Tal acuerdo será comunicado de inmediato a la empresa y a la autoridad laboral, la cual, en el plazo de 24 horas, anulará o ratificará la paralización acordada.

Solución al test n.º 6

1. a) La posibilidad de que un trabajador sufra un determinado daño derivado del trabajo.

2. c) Conjunto de actividades o medidas adoptadas o previstas en todas las fases de actividad de la empresa con el fin de evitar o disminuir los riesgos derivados del trabajo.

3. c) Las enfermedades, patologías o lesiones sufridas con motivo u ocasión del trabajo.

4. b) La naturaleza de los agentes físicos, químicos y biológicos presentes en el ambiente de trabajo y sus correspondientes intensidades, concentraciones o niveles de presencia además de las instalaciones, incluidas las características organizativas del trabajo.

5. a) La probabilidad de que se produzca.

6. b) La naturaleza de los agentes físicos, químicos y biológicos presentes en el ambiente de trabajo y sus correspondientes intensidades, concentraciones o niveles de presencia.

7. b) Una protección eficaz en materia de seguridad y salud en el trabajo.

8. b) Evaluar los riesgos que se puedan evitar.

9. b) El plan de prevención.

10. b) 50.

11. d) Se limitará al personal médico y a las autoridades sanitarias que lleven a cabo la vigilancia.

12. c) Los resultados de la vigilancia de la salud serán comunicados a los representantes de los trabajadores.

13. a) Deberá realizarse en caso de imposibilidad de adaptación del propio puesto.

14. c) Cuando los riesgos no se puedan evitar o no puedan limitarse.

15. c) Impartirse, siempre que sea posible, dentro de la jornada de trabajo o, en su defecto, en otras horas, pero con el descuento en aquella del tiempo invertido en la misma.

16. a) Sí, con derecho a remuneración, previo aviso al empresario y justificación de la necesidad de su realización dentro de la jornada de trabajo.

17. a) Más de 500 trabajadores.

18. b) Utilizar correctamente los medios y equipos de protección facilitados por el empresario, de acuerdo con las instrucciones recibidas de éste.

19. d) El órgano de representación de personal podrá acordar la paralización de la actividad.

20. d) Acuerdo por mayoría de sus miembros. Tal acuerdo será comunicado de inmediato a la empresa y a la autoridad laboral, la cual, en el plazo de 24 horas, anulará o ratificará la paralización acordada.

TEST N.º 7

El principio de igualdad y la tutela contra la discriminación en la Ley Orgánica 3/2007, de 22 de marzo. Planes de igualdad: concepto y contenido. El acoso por razón de sexo en el trabajo en la Ley 7/2007, de 4 de abril

1. Según su artículo 1, la LO 3/2007 tiene por objeto hacer efectivo el derecho de:

a) Conciliación de la vida laboral y familiar de mujeres y hombres.
b) Igualdad de trato y de oportunidades entre mujeres y hombres.
c) Participación en los asuntos públicos en igualdad de condiciones.
d) No discriminación por razón de sexo.

2. Las obligaciones establecidas en la LO 3/2007 son de aplicación a:

a) A toda persona, física o jurídica, que se encuentre o actúe en territorio español, cualquiera que fuese su nacionalidad, domicilio o residencia.
b) A todos los ciudadanos españoles, ya sea en territorio español o territorio de cualquier país extranjero.
c) A toda persona, física o jurídica, que se encuentre o actúe en territorio español, con nacionalidad española.
d) A toda persona, física o jurídica, que resida en territorio español, cualquiera que fuese su nacionalidad.

3. Según el artículo 4 de la LO 3/2007, la igualdad de trato y de oportunidades entre mujeres y hombres:

a) Es un deber de las Administraciones Públicas.
b) Es una fuente formal del Derecho.
c) Es un principio informador del ordenamiento jurídico.
d) Es un objetivo fundamental del procedimiento administrativo.

4. El principio de igualdad de trato y de oportunidades entre mujeres y hombres:

a) Sólo se aplica en el ámbito del empleo público.
b) Se garantizará incluso en el acceso al trabajo por cuenta propia.

c) No se aplica en la afiliación y participación en organizaciones sindicales o empresariales.

d) Se garantizará en los términos que prevean los convenios colectivos.

5. La situación en que se encuentra una persona que sea, haya sido o pudiera ser tratada, en atención a su sexo, de manera menos favorable que otra en situación comparable, se considera:

a) Discriminación directa.

b) Acoso sexual.

c) Discriminación indirecta.

d) Violencia de género.

6. Una diferencia de trato basada en una característica relacionada con el sexo ¿constituye discriminación en el acceso al empleo?

a) Sí, en todo caso.

b) No, siempre que la formación necesaria se base en dicha característica.

c) No, siempre que dicha característica constituya un requisito profesional esencial y determinante.

d) No, si debido a la naturaleza de las actividades profesionales concretas o al contexto en el que se lleven a cabo, dicha característica constituya un requisito profesional esencial y determinante, siempre y cuando el objetivo sea legítimo y el requisito proporcionado.

7. En virtud del artículo 6.2 de la LO 3/2007, la situación en que una disposición, criterio o práctica aparentemente neutros pone a personas de un sexo en desventaja particular con respecto a personas del otro:

a) En cualquier caso constituirá discriminación directa.

b) En cualquier caso constituirá discriminación indirecta.

c) No se considera discriminación indirecta si dicha disposición, criterio o práctica pueden justificarse objetivamente en atención a una finalidad legítima y los medios para alcanzar dicha finalidad son necesarios y adecuados.

d) En ningún caso podrá considerarse discriminación.

8. Conforme al artículo 6.3 de la LO 3/2007, toda orden de discriminar por razón de sexo:

a) Sólo se considera discriminatoria si se ordena discriminar directamente.

b) En ningún caso se puede considerar discriminatoria.

c) Sólo se considera discriminatoria si ordena una discriminación indirecta.

d) En cualquier caso se considera discriminatoria, sea directa o indirecta.

9. A los efectos de la LO 3/2007, definimos como acoso sexual:

a) Cualquier comportamiento realizado en función del sexo de una persona, con el propósito o el efecto de atentar contra su dignidad y de crear un entorno intimidatorio, degradante u ofensivo.

b) La situación en que una disposición, criterio o práctica aparentemente neutros pone a personas de un sexo en desventaja particular con respecto a personas del otro, salvo que dicha disposición, criterio o práctica puedan justificarse objetivamente en atención a una finalidad legítima y que los medios para alcanzar dicha finalidad sean necesarios y adecuados.

c) Todo trato desfavorable a las mujeres relacionado con el embarazo o la maternidad.

d) Cualquier comportamiento, verbal o físico, de naturaleza sexual que tenga el propósito o produzca el efecto de atentar contra la dignidad de una persona, en particular cuando se crea un entorno intimidatorio, degradante u ofensivo.

10. Según el artículo 8 de la LO 3/2007, todo trato desfavorable a las mujeres relacionado con el embarazo o la maternidad constituye:

a) Acoso sexual.
b) Acoso por razón de sexo.
c) Discriminación directa por razón de sexo.
d) Discriminación indirecta por razón de sexo.

11. Cualquier comportamiento realizado en función del sexo de una persona, con el propósito o el efecto de atentar contra su dignidad y de crear un entorno intimidatorio, degradante u ofensivo, constituye:

a) Discriminación directa.
b) Acoso sexual.
c) Acoso por razón de sexo.
d) Discriminación indirecta.

12. Conforme al artículo 7.4 de la LO 3/2007, el condicionamiento de un derecho o de una expectativa de derecho a la aceptación de una situación constitutiva de acoso sexual o de acoso por razón de sexo se considerará:

a) Acto de discriminación por razón de sexo.
b) Creación de un entorno intimidatorio, degradante u ofensivo.
c) Anulable y sin efecto.
d) Indemnizable.

13. La capacidad y la legitimación para intervenir en los procesos civiles, sociales y contencioso-administrativos que versen sobre la defensa del derecho de igualdad entre mujeres y hombres, corresponden a:

a) La persona acosada, únicamente.
b) Cualquier ciudadano.
c) Las personas físicas y jurídicas con interés legítimo.
d) Cualquier persona jurídica.

14. La persona acosada será la única legitimada en los litigios:

a) Sobre discriminación directa.
b) Sobre acoso sexual y acoso por razón de sexo.
c) Sobre acoso sexual únicamente.
d) Únicamente sobre acoso por razón de sexo.

15. Un criterio general de actuación de los Poderes Públicos, según el artículo 14 de la LO 3/2007, es el establecimiento de medidas que aseguren la .... del trabajo y de la vida personal y familiar de las mujeres y los hombres, así como el fomento de la .... en las labores domésticas y en la atención a la familia. Qué dos palabras completan acertadamente la frase anterior:

a) Conciliación y corresponsabilidad.
b) Estabilidad y cooperación.
c) Corresponsabilidad y cooperación.
d) Estabilidad y conciliación.

16. Con el fin de hacer efectivo el derecho constitucional de la igualdad, los Poderes Públicos adoptarán medidas específicas en favor de las mujeres para corregir situaciones patentes de desigualdad de hecho respecto de los hombres. Tales medidas, que serán aplicables en tanto subsistan dichas situaciones, habrán de ser en relación con el objetivo perseguido en cada caso razonables y:

a) Justificadas.
b) Autorizadas judicialmente.
c) Transparentes.
d) Proporcionadas.

17. Conforme al artículo 12 de la LO 3/2007, cualquier persona podrá recabar de los tribunales la tutela del derecho a la igualdad entre mujeres y hombres, de acuerdo con lo establecido en el artículo 53.2 de la Constitución:

a) Siempre que la relación en la que supuestamente se produce la discriminación se encuentre vigente.
b) Incluso tras la terminación de la relación en la que supuestamente se ha producido la discriminación.
c) Siempre que se haya dado por terminada la relación en la que supuestamente se produce la discriminación.
d) A menos que se haya procedido a la suspensión de la relación en la que supuestamente se produce la discriminación.

18. En virtud del artículo 9 de la LO 3/2007, cualquier trato adverso o efecto negativo que se produzca en una persona como consecuencia de la presentación por su parte de queja, reclamación, denuncia, demanda o recurso, de cualquier tipo, destinados a impedir su discriminación y a exigir el cumplimiento efectivo del principio de igualdad de trato entre mujeres y hombres, se considerará:

a) Discriminación directa.
b) Discriminación por razón de sexo.
c) Injustificado.
d) Acoso sexual.

19. Para prevenir la realización de conductas discriminatorias en los actos y las cláusulas de los negocios jurídicos, el artículo 10 de la LO 3/2007 prevé la existencia de un sistema de sanciones eficaz y:

a) Proporcionado.
b) Comprensible.
c) Cuantificable.
d) Disuasorio.

20. Según el artículo 10 de la LO 3/2007, los actos y las cláusulas de los negocios jurídicos que constituyan o causen discriminación por razón de sexo se considerarán:

a) Válidos, pero anulables.
b) Nulos y sin efecto.
c) Ilegales.
d) Nulos, pero con efectos.

En MADTEST tienes **más preguntas de este tema**, y todos tus avances quedan registrados y se reflejan en el ranking.

¡Supera tus límites con MADTEST!

Solución al test n.º 7

1. b) Igualdad de trato y de oportunidades entre mujeres y hombres.

2. a) A toda persona, física o jurídica, que se encuentre o actúe en territorio español, cualquiera que fuese su nacionalidad, domicilio o residencia.

3. c) Es un principio informador del ordenamiento jurídico.

4. b) Se garantizará incluso en el acceso al trabajo por cuenta propia.

5. a) Discriminación directa.

6. d) No, si debido a la naturaleza de las actividades profesionales concretas o al contexto en el que se lleven a cabo, dicha característica constituya un requisito profesional esencial y determinante, siempre y cuando el objetivo sea legítimo y el requisito proporcionado.

7. c) No se considera discriminación indirecta si dicha disposición, criterio o práctica pueden justificarse objetivamente en atención a una finalidad legítima y los medios para alcanzar dicha finalidad son necesarios y adecuados.

8. d) En cualquier caso se considera discriminatoria, sea directa o indirecta.

9. d) Cualquier comportamiento, verbal o físico, de naturaleza sexual que tenga el propósito o produzca el efecto de atentar contra la dignidad de una persona, en particular cuando se crea un entorno intimidatorio, degradante u ofensivo.

10. c) Discriminación directa por razón de sexo.

11. c) Acoso por razón de sexo.

12. a) Acto de discriminación por razón de sexo.

13. c) Las personas físicas y jurídicas con interés legítimo.

14. b) Sobre acoso sexual y acoso por razón de sexo.

15. a) Conciliación y corresponsabilidad.

16. d) Proporcionadas.

17. b) Incluso tras la terminación de la relación en la que supuestamente se ha producido la discriminación.

18. b) Discriminación por razón de sexo.

19. d) Disuasorio.

20. b) Nulos y sin efecto.

TEST
PARTE ESPECÍFICA

TEST N.º 1

La Ley 41/2002, de 14 de noviembre, básica reguladora de la autonomía del paciente y de derechos y obligaciones en materia de información y documentación clínica: principios generales; el derecho de información sanitaria; derecho a la intimidad; el respeto de la autonomía del paciente. La protección de datos personales: condiciones para el consentimiento en el Reglamento (UE) 2016/679; principios de la protección de datos en la Ley Orgánica 3/2018, de 5 de diciembre

1. ¿Qué carácter tiene la Ley 41/2002, de 14 de noviembre?

a) Es una norma autonómica.
b) Es una normativa básica.
c) Es un reglamento interno.
d) Es una instrucción administrativa.

2. ¿Cuántos capítulos contiene la Ley 41/2002?

a) Cinco capítulos.
b) Ocho capítulos.
c) Seis capítulos.
d) Cuatro capítulos.

3. ¿Cómo define la Ley 41/2002 el consentimiento informado?

a) Una obligación impuesta por el médico.
b) Una conformidad libre, voluntaria y consciente del paciente tras recibir información adecuada.
c) Un trámite burocrático previo al ingreso hospitalario.
d) Una firma obligatoria sin excepciones.

4. ¿Qué es la historia clínica según la Ley 41/2002?

a) El informe de alta médica de un paciente.
b) Un resumen anual de los diagnósticos en un hospital.

c) El conjunto de documentos que contienen los datos, valoraciones e informaciones sobre la situación y evolución clínica de un paciente a lo largo del proceso asistencial.

d) Una ficha administrativa del centro sanitario.

5. ¿Quién es considerado "usuario" en la Ley 41/2002?

a) El profesional que atiende al paciente.

b) La persona que utiliza los servicios sanitarios de prevención, educación y promoción de la salud.

c) El representante legal del paciente.

d) El gestor administrativo de un centro sanitario.

6. Según la Ley 41/2002, ¿qué principio básico debe orientar la actividad de custodia de documentación clínica?

a) La eficiencia económica.

b) La dignidad de la persona, el respeto a su autonomía y a su intimidad.

c) La rapidez en el archivo.

d) La obligación de los centros privados únicamente.

7. ¿Qué derecho tiene todo paciente en relación a la información sanitaria?

a) Derecho a conocer toda la información sobre su salud, salvo excepciones legales.

b) Derecho exclusivo a recibir informes escritos.

c) Derecho únicamente a recibir información oral.

d) Derecho a información solo en caso de hospitalización.

8. ¿Qué derecho reconoce la Ley 41/2002 en materia de información epidemiológica?

a) Derecho a ocultar los problemas sanitarios de la colectividad.

b) Derecho a que la información epidemiológica sea comprensible y adecuada.

c) Derecho exclusivo de los profesionales sanitarios.

d) Derecho a no recibir ninguna información de carácter colectivo.

9. ¿Qué condición establece la Ley respecto a la gratuidad de los certificados médicos?

a) Siempre deben ser gratuitos.

b) Nunca deben ser gratuitos.

c) Solo serán gratuitos cuando lo disponga una norma legal o reglamentaria.

d) Serán gratuitos únicamente para pacientes hospitalizados.

10. ¿Quién es el titular principal del derecho a la información asistencial?

a) El médico responsable.

b) El paciente.

c) El representante legal siempre.
d) El centro sanitario.

11. En relación con el consentimiento informado según la Ley 41/2002, señale la afirmación INCORRECTA:

a) Debe prestarse tras recibir el paciente información adecuada.
b) Como regla general, toda actuación sanitaria requiere consentimiento previo.
c) Puede otorgarse tácitamente en todos los supuestos, incluso cuando la ley exige forma escrita.
d) Debe manifestarse en pleno uso de las facultades del paciente.

12. En relación con el derecho a la información sanitaria asistencial, señale la afirmación INCORRECTA:

a) El titular del derecho es el paciente.
b) Puede limitarse por existencia acreditada de estado de necesidad terapéutica.
c) El paciente no puede renunciar a ser informado en ningún caso.
d) Las personas vinculadas podrán ser informadas si el paciente lo permite.

13. La negativa del paciente al tratamiento debe constar:

a) Verbalmente ante dos testigos.
b) En informe del médico responsable.
c) Por escrito.
d) Mediante autorización judicial.

14. Según el RGPD, el consentimiento será válido cuando:

a) Se deduzca del silencio del interesado.
b) Se base en casillas previamente marcadas.
c) Sea libre, específico, informado e inequívoco.
d) Se otorgue verbalmente sin información previa.

15. El principio de minimización de datos implica que los datos deben ser:

a) Conservados indefinidamente por si resultan útiles.
b) Adecuados, pertinentes y limitados a lo necesario.
c) Accesibles a cualquier profesional sanitario.
d) Públicos cuando afecten al interés general.

16. Conforme a la LO 3/2018, el menor puede prestar por sí mismo consentimiento para el tratamiento de sus datos personales cuando sea mayor de:

a) 13 años.
b) 14 años.

c) 15 años.
d) 16 años.

17. El derecho de acceso del interesado incluye conocer:

a) Únicamente la identidad del responsable.
b) Los fines del tratamiento y las categorías de datos tratados.
c) Solo el plazo de conservación.
d) Exclusivamente si los datos son automatizados.

18. El derecho de supresión no procederá cuando el tratamiento sea necesario para:

a) La formulación o defensa de reclamaciones.
b) Cualquier solicitud del interesado sin justificación.
c) Fines comerciales ordinarios.
d) La mera conveniencia del responsable.

19. El principio de responsabilidad proactiva implica que:

a) El interesado debe demostrar el incumplimiento.
b) El responsable debe poder demostrar que cumple el RGPD.
c) La autoridad de control asume la carga probatoria.
d) Solo se aplica a tratamientos automatizados.

20. El tratamiento de datos relativos a la salud está:

a) Permitido sin restricciones por tratarse de datos sanitarios.
b) Prohibido con carácter general, salvo excepciones previstas en el artículo 9 del RGPD.
c) Permitido si el paciente es mayor de edad.
d) Excluido del ámbito del RGPD.

En MADTEST tienes **más preguntas de este tema**, y todos tus avances quedan registrados y se reflejan en el ranking.

¡Supera tus límites con MADTEST!

Solución al test n.º 1

1. b) Es una normativa básica.

2. c) Seis capítulos.

3. b) Una conformidad libre, voluntaria y consciente del paciente tras recibir información adecuada.

4. c) El conjunto de documentos que contienen los datos, valoraciones e informaciones sobre la situación y evolución clínica de un paciente a lo largo del proceso asistencial.

5. b) La persona que utiliza los servicios sanitarios de prevención, educación y promoción de la salud.

6. b) La dignidad de la persona, el respeto a su autonomía y a su intimidad.

7. a) Derecho a conocer toda la información sobre su salud, salvo excepciones legales.

8. b) Derecho a que la información epidemiológica sea comprensible y adecuada.

9. c) Solo serán gratuitos cuando lo disponga una norma legal o reglamentaria.

10. b) El paciente.

11. c) Puede otorgarse tácitamente en todos los supuestos, incluso cuando la ley exige forma escrita.

12. c) El paciente no puede renunciar a ser informado en ningún caso.

13. c) Por escrito.

14. c) Sea libre, específico, informado e inequívoco.

15. b) Adecuados, pertinentes y limitados a lo necesario.

16. b) 14 años.

17. b) Los fines del tratamiento y las categorías de datos tratados.

18. a) La formulación o defensa de reclamaciones.

19. b) El responsable debe poder demostrar que cumple el RGPD.

20. b) Prohibido con carácter general, salvo excepciones previstas en el artículo 9 del RGPD.

El celador en su puesto de trabajo (I): unidades de hospitalización, unidades de cuidados intensivos (UCI), áreas quirúrgicas, áreas de radiodiagnóstico y áreas de urgencias; servicio de Anatomía Patológica; Mortuorio. Prevención de enfermedades transmisibles en el medio hospitalario: normas de aislamiento y precauciones

1. ¿Cómo se llama la unidad asistencial que, bajo la responsabilidad de un médico especialista, está dedicada al diagnóstico y tratamiento de las enfermedades utilizando como soporte técnico fundamentalmente las imágenes y datos funcionales obtenidos por medio de radiaciones ionizantes o no ionizantes y otras fuentes de energía?

a) Extracciones.
b) Medicina Nuclear.
c) Radioterapia.
d) Radiología.

2. No es un servicio asistencial al que se accede a través de derivaciones de Atención Primaria:

a) Logopedia.
b) Psicología.
c) Pedagogía.
d) Neurofisiología.

3. Entre sus funciones el Jefe de Personal Subalterno controlará el cumplimiento del horario y la permanencia en su puesto de trabajo de:

a) Los pinches.
b) Los celadores y personal de oficio.

c) El personal subalterno.

d) El personal de oficio y subalterno.

4. ¿Dónde se realizan diariamente las consultas externas extrahospitalarias?

a) En los Centros de Atención Primaria.

b) En los Centros de Especialidades periféricos (CEP).

c) En los Centros de Patologías complejas (CPC).

d) En los Centros de Atención Individualizada.

5. El Estatuto de personal no sanitario permite al celador/a en determinados supuestos:

a) La aplicación de tratamiento curativo de carácter no medicamentoso.

b) Auxiliar al médico directamente en las consultas externas.

c) Ayudar a la colocación y retirada de cuñas para la recogida de excretas.

d) Controlar diariamente las bombonas de oxígeno.

6. Es función del celador/a:

a) Hacer los servicios de guardia dentro de los turnos que se establezcan.

b) Limpiar la mesa y sala de autopsias.

c) Servirán de ascensoristas cuando se les asigne especialmente este cometido o las necesidades del servicio lo requieran.

d) Todas son misiones del celador/a.

7. El Estatuto de personal no sanitario impone al celador/a determinadas actuaciones de vigilancia sobre los visitantes de los enfermos dentro de las habitaciones para que no perjudiquen:

a) Al personal de la Institución.

b) Al propio enfermo o al orden de la Institución.

c) Al personal sanitario.

d) Solo al enfermo.

8. ¿Cuál de las siguientes misiones no es propia del celador/a?

a) Trasladar a los enfermos al quirófano.

b) Evitar que los visitantes fumen en las habitaciones del hospital.

c) Llamar la atención al servicio de limpieza en ausencia de su superior.

d) Ayudar a la enfermera a amortajar a los cadáveres.

9. El Estatuto de personal no sanitario establece que los celadores vigilarán las entradas de la Institución, no permitiendo el acceso a sus dependencias más que:

a) A las personas que ostenten la tarjeta identificativa actualizada del centro.

b) A los pacientes que ostenten la tarjeta identificativa actualizada del centro.

c) A las personas autorizadas a ello.

d) A personal sanitario y no sanitario de la institución.

10. ¿Puede el celador/a informar sobre el diagnóstico de un paciente?

a) Sí.

b) No.

c) A veces.

d) Cuando se lo ordene o permita un superior.

11. No es función del celador/a:

a) Ayudar a la práctica de autopsias en funciones auxiliares.

b) Excepcionalmente, ayudarán en la colocación y retirada de cuñas para la recogida de excretas de enfermos.

c) Realizar la limpieza de los carros de curas y de su material.

d) Evitar que los visitantes fumen en las habitaciones del hospital.

12. Corresponde a los celadores:

a) Auxiliar en los quirófanos incluso en funciones propias de enfermeras pero nunca de cirujanos.

b) Auxiliar en las autopsias en funciones auxiliares, requieran o no por su parte hacer uso de instrumental sobre el cadáver.

c) Informar a los familiares de los pacientes sobre diagnósticos siempre que estos sean favorables, si se lo ordena el médico.

d) Tendrán a su cargo los animales utilizados en los quirófanos experimentales y laboratorios.

13. Los familiares de un paciente que está siendo atendido en el servicio de urgencias recaban del celador/a información sobre el diagnóstico y exploración del enfermo, en estos casos el/la celador/a debe:

a) Informará amablemente a los familiares sobre el pronóstico del paciente, omitiendo cualquier dato relativo a la exploración efectuada o diagnóstico definitivo.

b) Solicitará del médico los datos relativos a la exploración y tratamiento que se está realizando para informar ampliamente a dichos familiares.

c) Se abstendrá de dar este tipo de información, remitiendo a los familiares al Jefe de Personal Subalterno.

d) Deberá orientar las consultas hacia el médico encargado de la asistencia del enfermo.

14. ¿Cuál de las siguientes es función propia del celador/a?

a) Vigilar personalmente la limpieza de la institución.

b) Servir de ascensorista cuando se le asigne ese cometido.

c) Constatar que el personal de oficio cumple con el horario establecido.

d) Todas las respuestas son ciertas.

15. Indica qué competencias tienen los celadores como personal de gestión y servicios en orden a la administración de medicamentos:

a) En determinados casos podrán efectuarla, excluyendo siempre a los pacientes agudos.

b) A los/las celadores/as les está prohibido administrar medicamentos.

c) Únicamente podrán administrar medicamentos por vía oral.

d) Podrán administrar medicamentos por vía parenteral.

16. El Jefe de Personal Subalterno vigilará … la limpieza de la institución:

a) Personalmente.

b) Permanentemente.

c) Perfectamente.

d) Periódicamente.

17. De acuerdo con lo establecido en el Estatuto de personal no sanitario al servicio de las instituciones sanitarias será función del celador/a:

a) El encendido y mantenimiento de las caladeras de calefacción.

b) La reparación de persianas o cualquier pequeño desperfecto de una habitación.

c) Dar la comida a aquellos enfermos que no puedan hacerlo por sí mismos, salvo en casos que requieran cuidados especiales.

d) Tendrán a su cargo el traslado de enfermos, tanto dentro de la institución, como en el servicio de ambulancias.

18. En la sanidad española existe un grupo de personal denominado subalterno, que se divide en escalas y, dentro de estas, en clases. Indica cuál de las siguientes clases pertenece a la Escala General:

a) Pinche.

b) Limpiador/a.

c) Celador/a.

d) Fogonero/a.

19. ¿Cuál de las siguientes afirmaciones es correcta sobre el personal subalterno en la sanidad española?

a) El personal subalterno realiza tareas técnicas sin supervisión.

b) El personal subalterno se enmarca en una categoría homogénea.

c) Las funciones del personal subalterno dependen del puesto de trabajo ocupado y se realizan bajo supervisión.

d) En la sanidad española, el personal subalterno no se divide en escalas ni clases.

20. ¿Cuál es la normativa que recoge cuáles son las funciones propias del celador/a?

a) El Estatuto de Personal no Sanitario al servicio de las Instituciones Sanitarias de la Seguridad Social, artículo 14.2.

b) El Estatuto de Personal Sanitario no facultativo al servicio de las Instituciones Sanitarias de la Seguridad Social, artículo 14. 2.

c) El Estatuto Jurídico del Personal Médico de la Seguridad Social.

d) El Estatuto de Personal subalterno al servicio de las Instituciones Sanitarias de la Seguridad Social, artículo 14.2.

En MADTEST tienes **más preguntas de este tema**, y todos tus avances quedan registrados y se reflejan en el ranking.

¡Supera tus límites con MADTEST!

Solución al test n.º 2

1. d) Radiología.

2. c) Pedagogía.

3. d) El personal de oficio y subalterno.

4. b) En los Centros de Especialidades periféricos (CEP).

5. c) Ayudar a la colocación y retirada de cuñas para la recogida de excretas.

6. d) Todas son misiones del celador/a.

7. b) Al propio enfermo o al orden de la Institución.

8. c) Llamar la atención al servicio de limpieza en ausencia de su superior.

9. c) A las personas autorizadas a ello.

10. b) No.

11. c) Realizar la limpieza de los carros de curas y de su material.

12. d) Tendrán a su cargo los animales utilizados en los quirófanos experimentales y laboratorios.

13. d) Deberá orientar las consultas hacia el médico encargado de la asistencia del enfermo.

14. b) Servir de ascensorista cuando se le asigne ese cometido.

15. b) A los/las celadores/as les está prohibido administrar medicamentos.

16. a) Personalmente.

17. d) Tendrán a su cargo el traslado de enfermos, tanto dentro de la institución, como en el servicio de ambulancias.

18. c) Celador/a.

19. c) Las funciones del personal subalterno dependen del puesto de trabajo ocupado y se realizan bajo supervisión.

20. a) El Estatuto de Personal no Sanitario al servicio de las Instituciones Sanitarias de la Seguridad Social, artículo 14.2.

TEST N.º 3

El celador en su puesto de trabajo (II): servicio de rehabilitación; consultas externas hospitalarias y extrahospitalarias; Equipos de Atención Primaria

1. ¿Cuándo está indicado el uso de bastones en los enfermos?

a) Cuando estos pacientes sufren hemiplejia derecha que permite la marcha.
b) Cuando estos pacientes sufren tetraplejia.
c) Cuando estos pacientes sufren fractura bilateral de caderas.
d) Cuando estos pacientes tienen luxaciones de ambas rótulas.

2. ¿Qué indicaciones son las más frecuentes de las muletas de aluminio?

a) Esguinces.
b) Enfermos tetrapléjicos.
c) Enfermos parapléjicos.
d) Son ciertas las respuestas b) y c).

3. ¿Cuál de estas ayudas es fija?

a) Pasamanos.
b) Andadores.
c) Bastones multipodales.
d) Trípodes.

4. ¿Cuál de estas ayudas es autoestable?

a) Pasamanos.
b) Barras paralelas.
c) Bastones multipodales.
d) Ninguna de las anteriores.

5. ¿Cómo se denominan los dispositivos metálicos que por medio de una bomba hidráulica y de determinados complementos, permiten la elevación, transporte y acomodamiento de personas en diferentes lugares (cama, baño, etc.)?

a) Rueda de hombros.

b) Grúas.

c) Bipedestadores.

d) Jaula de Böhler.

6. ¿Cuál de las siguientes no es una función del celador en la sala de fisioterapia?

a) Ayudar al fisioterapeuta con el enfermo durante su tratamiento.

b) Dar cuenta a sus inmediatos superiores de los desperfectos o anomalías que encontrara en la limpieza y conservación del edificio y material.

c) Informar a familiares y visitantes acerca de las exploraciones que se estén realizando al enfermo.

d) En caso de conflicto con un visitante o intruso, requerirá la presencia del personal de Seguridad.

7. ¿Quién debe ayudar en la colocación o fijación del paciente en el lugar especial de su tratamiento en el área de rehabilitación?

a) El/la celador/a.

b) El TCAE.

c) Enfermera.

d) Las opciones a) y b) son correctas.

8. ¿Quién debe colaborar en las actividades deportivas de los pacientes en el plano de asesoramiento a los encargados de dichas funciones?

a) El/la celador/a.

b) El TCAE.

c) El/la médico rehabilitador.

d) El/la fisioterapeuta.

9. En caso de necesidad, el celador o la celadora ayudará en la higiene de los pacientes al responsable de la tarea, que es:

a) La enfermera de la sala de rehabilitación.

b) El auxiliar de enfermería.

c) La supervisora de planta.

d) El/la fisioterapeuta.

10. La mesa de mano universal o mesa de Kanavel está diseñada para la recuperación de:

a) Los miembros inferiores.

b) Las extremidades superiores.

c) La columna.
d) Cuádriceps.

11. Su empleo está justificado para la reeducación inicial de la marcha:

a) Bastones.
b) Andadores.
c) Barras paralelas.
d) Muletas.

12. Se utiliza para realizar diferentes ejercicios propioceptivos:

a) Discos de Böhler.
b) Bosu.
c) Jaula de Rocher.
d) Banco de Colon.

13. Su utilización más común es la de fortalecimiento de cuádriceps:

a) Banco de Colson.
b) Mesa de Kanavel.
c) Discos de Böhler.
d) Tablero actividades de la vida diaria.

14. Según la CE son fundamentos del orden político y la paz social:

a) La dignidad de la persona, los derechos inviolables que les son inherentes y el respeto a la ley.
b) La dignidad de la persona, el desarrollo limitado de la personalidad y el respeto a la ley.
c) El respeto a la ley, a los reglamentos administrativos y demás disposiciones legales.
d) La dignidad de la persona, los derechos inviolables que le son inherentes, el libre desarrollo de su personalidad, el respeto a la ley y a los derechos de los demás.

15. ¿Cuál de los siguientes es considerado por la CE como uno de los valores superiores del ordenamiento jurídico?

a) La jerarquía normativa.
b) El pluralismo político.
c) La publicidad normativa.
d) La equidad.

16. La forma política del Estado español es:

a) Democracia parlamentaria.
b) Gobierno parlamentario.
c) Monarquía parlamentaria.
d) República democrática.

17. La parte de la CE que regula la estructura de los principales órganos del Estado recibe el nombre de:

a) Parte dogmática.
b) Parte orgánica.
c) Parte estatal.
d) Parte estructural.

18. Según la CE, la soberanía nacional:

a) Corresponde a las Cortes Generales, al estar compuestas por los representantes del pueblo.
b) Corresponde al Rey.
c) Reside en el pueblo español.
d) Corresponde al Gobierno de la Nación elegido directamente por el pueblo.

19. El derecho a la propiedad en nuestra Constitución es un derecho:

a) Inherente a la condición humana.
b) Absoluto.
c) Está limitado por la función social de la misma.
d) Ninguna de las respuestas anteriores es correcta.

20. ¿En qué parte de la Carta Magna se señalan los valores superiores del ordenamiento jurídico?

a) En el Preámbulo.
b) En el Título Preliminar.
c) En el Título I.
d) Ninguna respuesta es correcta.

En MADTEST tienes **más preguntas de este tema**, y todos tus avances quedan registrados y se reflejan en el ranking.

¡Supera tus límites con MADTEST!

Solución al test n.º 3

1. a) Cuando estos pacientes sufren hemiplejia derecha que permite la marcha.

2. a) Esguinces.

3. a) Pasamanos.

4. c) Bastones multipodales.

5. b) Grúas.

6. c) Informar a familiares y visitantes acerca de las exploraciones que se estén realizando al enfermo.

7. d) Las opciones a) y b) son correctas.

8. d) El/la fisioterapeuta.

9. b) El TCAE.

10. b) Las extremidades superiores.

11. c) Barras paralelas.

12. a) Discos de Böhler.

13. a) Banco de Colson.

14. d) La dignidad de la persona, los derechos inviolables que le son inherentes, el libre desarrollo de su personalidad, el respeto a la ley y a los derechos de los demás.

15. b) El pluralismo político.

16. c) Monarquía parlamentaria.

17. b) Parte orgánica.

18. c) Reside en el pueblo español.

19. c) Está limitado por la función social de la misma.

20. b) En el Título Preliminar.

El celador en su puesto de trabajo (III): el almacén y la farmacia (recepción y almacenamiento de mercancías). Organización del almacén y distribución de pedidos

1. Señale la respuesta incorrecta en cuanto a la clasificación de Pareto:

a) Los artículos del tipo A serían aquellos que más se utilizan.

b) Los de clase B tendrían un consumo intermedio.

c) Los artículos del tipo A serían aquellos que se consumen menos y, como es lógico, tendrían una sustitución o rotación más lenta y se almacenarían en los lugares menos accesibles del almacén.

d) Los artículos del tipo A se guardarán en los lugares más próximos y de fácil acceso.

2. ¿Qué significa FIFO?

a) Five in, five off.

b) Fine in, fine over.

c) First in, first out.

d) Flirt ink, flirt on.

3. Para poder controlar las existencias de un almacén, desde el punto de vista logístico, se necesita conocer:

a) La ubicación de las mercancías en el interior del almacén.

b) El número de entradas de mercancías.

c) El número de salidas de mercancías.

d) El diseño arquitectónico del local y sus detalles.

4. Señale cuál de las siguientes no es una fase de la tarea de suministro:

a) Revisión de ofertas.

b) Petición de material.

c) Gestión de stock.

d) Control económico.

5. El objeto último de los almacenes es:

a) Satisfacer las necesidades de los servicios.
b) Mantener los suministros del centro custodiados.
c) La custodia de los pedidos.
d) La distribución de pedidos.

6. La clasificación de Pareto ordena los artículos en clases A, B y C. Los artículos del tipo A son aquellos que:

a) Tendrían un consumo intermedio.
b) Más se utilizan y, por tanto, se guardan en los lugares más próximos y de fácil acceso.
c) Se consumen menos.
d) Son frágiles.

7. El inventario que requiere un recuento sistemático de las existencias durante todo el ejercicio con el fin de determinar el número de veces que se consume y se repone la mercancía a lo largo del año se denomina:

a) Inventario tradicional.
b) Inventario innovador.
c) Inventario rotativo.
d) Inventario valorativo.

8. El criterio de valoración de mercancías denominado FIFO hace referencia a:

a) Primero en entrar, último en salir.
b) Último en entrar, primero en salir.
c) Primero en entrar, primero en salir.
d) Ninguna es correcta.

9. La actividad que hace referencia al conjunto de tareas cuya finalidad es aprovisionar de materiales al almacén y a los servicios sanitarios, se denomina:

a) Suministro.
b) Almacenaje.
c) Procedimiento administrativo de contratación.
d) Control de gestión.

10. Las tareas encaminadas a proveer desde el almacén a las distintas unidades o servicios de una institución sanitaria del material necesario para poder llevar a cabo la actividad asistencial encomendada, se denomina:

a) Suministros generales.
b) Suministros internos.

c) Suministros externos.
d) Suministros urgentes.

11. ¿De quién depende el Servicio de Farmacia que existe en la mayoría de los Hospitales?

a) De la Gerencia.
b) De la Dirección Médica.
c) De la Dirección de Gestión y Servicios Generales.
d) De la División de Enfermería.

12. ¿A quién han de solicitar los hospitales que no cuenten con servicios farmacéuticos autorización para, en su caso, mantener un depósito de medicamentos bajo la supervisión y control de un farmacéutico?

a) A la Agencia Española de Medicamentos y Productos Sanitarios (AEMPS).
b) Al Consejo Interterritorial del Sistema Nacional de Salud.
c) Al Instituto Nacional de Gestión Sanitaria (INGESA).
d) A las Comunidades Autónomas.

13. ¿Cómo se denomina a toda materia, cualquiera que sea su origen a la que se atribuye una actividad apropiada para constituir un medicamento?

a) Excipiente.
b) Principio activo.
c) Fórmula magistral.
d) Premezcla.

14. ¿Qué nombre recibe la disposición a que se adaptan los principios activos y excipientes para constituir un medicamento?

a) Forma magistral.
b) Forma excepcional.
c) Forma copérnica.
d) Forma farmacéutica.

15. Aquel medicamento elaborado y garantizado por un farmacéutico o bajo su dirección, dispensado en una oficina de farmacia o servicio farmacéutico, enumerado y descrito por el Formulario, se denomina preparado o fórmula:

a) Oficinal.
b) Magistral.
c) Medicinal.
d) Oficial.

16. Señala cuál de las siguientes no es una de las características mínimas que ha de reunir la zona estéril del Área de citostáticos:

a) Ha de contar con una campana de flujo laminar vertical.
b) Debe disponer de una habitación separada con presión positiva.
c) No ha de tener recirculación de aire ni aire acondicionado ambiental.
d) Debe contar con un área o zona aislada físicamente del resto del servicio en la que no se realicen otras operaciones.

17. ¿Durante cuánto tiempo habrá de lavarse con agua y jabón la zona de la piel afectada por contacto directo con un agente citostático?

a) Durante cinco minutos, con agua, jabón y lejía rebajada con agua.
b) Durante cinco minutos, con agua y jabón.
c) Durante unos 10 minutos.
d) Durante unos 15 minutos.

18. ¿Qué tipo de inventario requiere un recuento sistemático de las existencias durante todo el ejercicio con el fin de determinar el número de veces que se consume y se repone la mercancía a lo largo del año?

a) El inventario tradicional.
b) El inventario cíclico.
c) El inventario rotativo.
d) El inventario periódico o estacional.

19. Actualmente, en los Hospitales, el suministro de medicamentos desde el Servicio de Farmacia se realiza mediante la fórmula o método:

a) Tradicional.
b) De «unidosis» o dosis única.
c) De dosis diarias.
d) De dosis semanales.

20. ¿A quién corresponde en el método tradicional de distribución de medicamentos realizar los pedidos de los mismos?

a) A los celadores.
b) Al personal de enfermería.
c) A la supervisora de planta.
d) A los FIR (Farmacéuticos Internos Residentes).

En MADTEST tienes **más preguntas de este tema**, y todos tus avances quedan registrados y se reflejan en el ranking.

¡Supera tus límites con MADTEST!

Solución al test n.º 4

1. c) Los artículos del tipo A serían aquellos que se consumen menos y, como es lógico, tendrían una sustitución o rotación más lenta y se almacenarían en los lugares menos accesibles del almacén.

2. c) First in, first out.

3. a) La ubicación de las mercancías en el interior del almacén.

4. a) Revisión de ofertas.

5. d) La distribución de pedidos.

6. b) Más se utilizan y, por tanto, se guardan en los lugares más próximos y de fácil acceso.

7. c) Inventario rotativo.

8. c) Primero en entrar, primero en salir.

9. a) Suministro.

10. b) Suministros internos.

11. b) De la Dirección Médica.

12. d) A las Comunidades Autónomas.

13. b) Principio activo.

14. d) Forma farmacéutica.

15. a) Oficinal.

16. b) Debe disponer de una habitación separada con presión positiva.

17. c) Durante unos 10 minutos.

18. c) El inventario rotativo.

19. b) De «unidosis» o dosis única.

20. c) A la supervisora de planta.

TEST N.º 5

Posiciones anatómicas básicas. Técnicas de movilización de pacientes; el traslado del paciente encamado, en silla de rueda y camilla. Utilización de medios mecánicos en la movilización de pacientes. Traslado de documentación, aparatos, mobiliario y objetos

1. ¿Cuál de las siguientes tareas pueden realizar los distintos tipos de bipedestadores?

a) Ayudar al paciente a posicionarse y permanecer en bipedestación.
b) Trasladar de forma cómoda y segura a un paciente hasta una silla/sillón o silla de ruedas, para posteriormente posicionarlo correctamente.
c) Trasladar a un paciente hasta el baño, para transferirlo al WC.
d) Todas las opciones son correctas.

2. ¿Para qué se utilizan las grúas activas (bipedestación)?

a) Para elevar objetos pesados.
b) Para ayudar al paciente a ponerse de pie y permanecer en bipedestación.
c) Para transportar pacientes en sillas de ruedas.
d) Para realizar ejercicios de movilidad en pacientes.

3. ¿Cuál de los siguientes modelos de grúas activas ofrece un medio de transporte alternativo a la silla de ruedas y fomenta la participación del paciente en las transferencias?

a) Modelo Stedy.
b) Grúa eléctrica para ejercicios de bipedestación.
c) Grúa activa con arneses específicos.
d) Grúa activa para traslado seguro al baño.

4. ¿Qué material de estos no es necesario para realizar los cambios posturales del paciente?

a) Almohadas, cojines y ropa limpia si es necesario.
b) Férulas y a veces protectores de protuberancia.

c) Jabón y antisépticos.
d) Son todos necesarios.

5. ¿Cuál es una ventaja clave de las grúas de techo para pacientes con movilidad reducida?

a) Ocupan poco espacio.
b) Son portátiles y fáciles de mover.
c) Se utilizan principalmente en salas grandes.
d) Requieren esfuerzo manual para operar.

6. ¿Cuál es la función principal del arnés en la movilización del paciente con una grúa de techo?

a) Proporcionar comodidad al paciente.
b) Facilitar el movimiento del cuidador.
c) Realizar transferencias seguras.
d) Sustituir el contacto directo con el cuerpo del paciente.

7. ¿Cuál de las siguientes afirmaciones es cierta acerca de las grúas fijas de techo?

a) Se utilizan para pacientes que van a recobrar la movilidad.
b) Soportan hasta 300 kilos y se manejan fácilmente con mando eléctrico.
c) El paciente se eleva gracias a un mecanismo de columnas elevadoras en la parte central.
d) Permiten la elevación del paciente desde la posición de sedestación a bipedestación.

8. ¿Para qué se utilizan las grúas de bipedestación?

a) Elevar al paciente desde la posición de sedestación a bipedestación.
b) Permitir la movilidad completa del paciente.
c) Sostener al paciente en posición vertical.
d) Para que el paciente pueda ir solo al wc.

9. ¿Cuál de los siguientes dispositivos está indicado para traslados rápidos al wc, trayectos largos o en caso de emergencia como incendio?

a) Steady.
b) Chorus.
c) Grúa Marisa.
d) Eslinga.

10. ¿Qué dispositivo presta una asistencia mayor que la Steady y se utiliza en cambios de pañal, aseo íntimo, transferencias al WC, transferencias silla-sillón-cama, rehabilitación de la bipedestación y para reestablecer la marcha?

a) Chorus.
b) Grúa Marisa.

c) Eslinga.
d) Arnés de Transferencia de pie.

11. ¿Cuál de los siguientes dispositivos se utiliza principalmente en radiografías, quirófanos y unidades de cuidados intensivos (UCI)?

a) Rolón/Rollbord.
b) Tabla rígida.
c) Cabestrillo flexible.
d) Tabla de transferencia curva.

12. ¿Qué dispositivo se utiliza para transferencias horizontales en hospitales y requiere la colaboración de dos personas?

a) Tabla rígida.
b) Cabestrillo flexible.
c) Tabla de transferencia.
d) Tabla de transferencia curva.

13. ¿Cuál es esta posición corporal?

a) Fowler.
b) Genupectoral.
c) Morestin.
d) Roser.

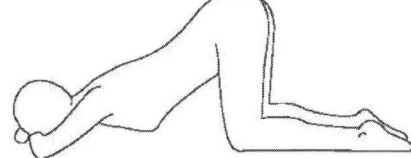

14. El movimiento de la imagen se denomina:

a) Abducción.
b) Aducción.
c) Flexión.
d) Rotaclón.

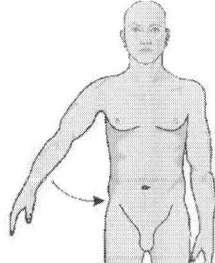

15. ¿Cuál es el plano que divide nuestro cuerpo en una parte anterior y otra posterior?

a) El plano frontal.
b) El plano sagital.

c) El plano transversal.
d) El plano oblicuo.

16. ¿Cuál es el eje anatómico que va de la cabeza a los pies, recorriendo el cuerpo en toda su longitud y es perpendicular a los otros dos y al suelo?

a) Eje transversal.
b) Eje longitudinal.
c) Eje sagital.
d) Eje coronal.

17. Los ejes longitudinal y sagital forman el plano:

a) Frontal.
b) Transversal.
c) Horizontal.
d) Sagital.

18. ¿En qué cavidad de nuestra corporalidad se encuentra la cavidad peritoneal?

a) En la cavidad pélvica.
b) En la cavidad abdominal.
c) En la cavidad torácica.
d) En la cavidad mediastínica.

19. ¿Dónde se localiza la cavidad pélvica?

a) En la cavidad torácica.
b) En la cavidad pleural.
c) En la cavidad peritoneal.
d) En la cavidad abdominal.

20. ¿En qué posición se debe colocar a un paciente que vomita?

a) Decúbito supino.
b) Decúbito lateral.
c) Decúbito prono.
d) Posición de Fowler.

En MADTEST tienes **más preguntas de este tema**, y todos tus avances quedan registrados y se reflejan en el ranking.

¡Supera tus límites con MADTEST!

Solución al test n.º 5

1. a) Ayudar al paciente a posicionarse y permanecer en bipedestación.

2. b) Para ayudar al paciente a ponerse de pie y permanecer en bipedestación.

3. a) Modelo Stedy.

4. c) Jabón y antisépticos.

5. a) Ocupan poco espacio.

6. c) Realizar transferencias seguras.

7. b) Soportan hasta 300 kilos y se manejan fácilmente con mando eléctrico.

8. a) Elevar al paciente desde la posición de sedestación a bipedestación.

9. a) Steady.

10. a) Chorus.

11. a) Rolón/Rollbord.

12. c) Tabla de transferencia.

13. b) Genupectoral.

14. b) Aducción.

15. a) El plano frontal.

16. b) Eje longitudinal.

17. d) Sagital.

18. b) En la cavidad abdominal.

19. d) En la cavidad abdominal.

20. b) Decúbito lateral.

TEST N.º 6

Nociones sobre máquinas de reprografía: impresión, fotocopias, fax y escáner; encuadernadoras, ensobradoras y análogas. Envíos y servicios postales. Sistemas de franqueo

1. Las dimensiones mínimas de una carta normalizada son:

a) 14 x 9 cm.
b) 23,5 x 12 cm.
c) 15 x 8 cm.
d) 17 x 10 cm.

2. Los envíos con dimensiones inferiores a las mínimas deberán llevar una etiqueta anexa en la que figuren la dirección y el franqueo de:

a) 10 x 7 cm.
b) 9 x 6 cm.
c) 12,5 x 10,5 cm.
d) 8 x 5 cm.

3. ¿Cuál de los siguientes colores claros no se permite en un envío normalizado?

a) Amarillo.
b) Naranja.
c) Verde.
d) Azul.

4. ¿Cuál de los siguientes tipos de envío no puede considerarse un envío normalizado aunque tenga el formato y dimensiones adecuadas?

a) Una carta certificada.
b) Una tarjeta postal.
c) Un paquete postal.
d) Publicorreo.

5. El tóner es:

a) La "tinta" de la fotocopiadora.
b) El alimentador de la fotocopiadora.
c) El sistema de transporte de la fotocopiadora.

6. Son máquinas reproductoras:

a) Las guillotinadoras.
b) Las encuadernadoras.
c) Los escáneres.
d) Las plastificadoras.

7. El fax funciona a través de:

a) La línea eléctrica.
b) La línea telefónica.
c) El módem.
d) Ondas de radio.

8. La plancha tipográfica en la que se ha reproducido una composición o un grabado para su posterior impresión, se llama:

a) Tóner.
b) Reset.
c) Starter.
d) Cliché.

9. ¿Qué tres colores utilizan las impresoras para hacer copias a color?

a) Negro, amarillo y cián.
b) Amarillo, cián y magenta.
c) Negro, cián y magenta.
d) Negro, blanco y magenta.

10. ¿Cuál de los siguientes envíos postales se considera también un envío de correspondencia?

a) Libros.
b) Tarjetas postales.
c) Catálogos.
d) Diarios y publicaciones periódicas.

11. Se incluye en el ámbito del servicio postal universal las actividades de recogida, admisión, clasificación, transporte, distribución y entrega de cartas y tarjetas postales que contengan comunicaciones escritas en cualquier tipo de soporte:

a) Sin excepción.
b) De hasta 2 kg de peso.
c) De entre 100 y 1000 gramos.
d) De hasta 10 kg de peso.

12. ¿Quién tiene la condición de operador designado por el Estado para prestar el servicio postal universal?

a) La Sociedad Estatal Correos y Telégrafos, Sociedad Anónima.
b) Cualquier operador postal con base en territorio español que lo solicite.
c) Las reglas de la competencia impiden que el Estado pueda designar un operador.
d) Correos y Telégrafos es el operador prestador del servicio postal universal por derecho propio, no por designación.

13. Los envíos postales son:

a) Personales.
b) Cerrados.
c) Inviolables.
d) Normalizados.

14. ¿Cuál de estas condiciones no es propia de una tarjeta postal?

a) Pieza rectangular de cartulina consistente o material similar.
b) Que circule en sobre abierto.
c) Que circule al descubierto.
d) Que contenga un mensaje de carácter actual y personal.

15. ¿A cuántos remitentes como mínimo se enviará un envío publicitario para que pueda ser considerado de publicidad directa?

a) 500.
b) 1000.
c) 2000.
d) 5000.

16. Señalar la opción correcta:

a) Para que un envío pueda considerarse catálogo ha de remitirse a más de 200 destinatarios.
b) El material fonográfico y videográfico tendrá el mismo tratamiento que los libros.

c) La distribución de catálogos se hará en sobre cerrado a diferencia de los envíos de publicidad directa.

d) Para que un envío se considere "*libro*" ha de tratarse de publicaciones encuadernadas.

17. Señalar la opción incorrecta. De acuerdo con las garantías que se otorgan al envío, los servicios postales se clasifican en:

a) Ordinarios.
b) Certificados.
c) Generales.
d) Con valor declarado.

18. ¿Dónde se consignará la palabra "CERTIFICADO" (o la etiqueta al uso) en los envíos certificados que circulen en el ámbito nacional?

a) En el ángulo superior izquierdo del anverso del envío.
b) En el ángulo superior derecho del anverso del envío.
c) En el ángulo superior izquierdo del reverso del envío.
d) En el centro de la parte superior del anverso del envío.

19. Los giros nacionales se abonarán en metálico siempre y cuando el importe sea:

a) Superior a 500 euros.
b) Inferior a 700 euros.
c) Inferior a 500 euros.
d) Superior a 600 euros.

20. Una comunicación formal de un acto administrativo, de la que se hace depender la eficacia de aquel, es:

a) Un certificado.
b) Un acuse de recibo.
c) Un telegrama.
d) Una notificación.

En MADTEST tienes **más preguntas de este tema**, y todos tus avances quedan registrados y se reflejan en el ranking.

¡Supera tus límites con MADTEST!

Solución al test n.º 6

1. a) 14 x 9 cm.

2. a) 10 x 7 cm.

3. d) Azul.

4. c) Un paquete postal.

5. a) La "tinta" de la fotocopiadora.

6. c) Los escáneres.

7. b) La línea telefónica.

8. d) Cliché.

9. b) Amarillo, cián y magenta.

10. b) Tarjetas postales.

11. b) De hasta 2 kg de peso.

12. a) La Sociedad Estatal Correos y Telégrafos, Sociedad Anónima.

13. c) Inviolables.

14. b) Que circule en sobre abierto.

15. a) 500.

16. b) El material fonográfico y videográfico tendrá el mismo tratamiento que los libros.

17. a) Ordinarios.

18. a) En el ángulo superior izquierdo del anverso del envío.

19. c) Inferior a 500 euros.

20. d) Una notificación.

TEST N.º 7

Conceptos de informática básica. Almacenamiento de datos: El disco duro, lápices de memoria, tarjetas de memoria. Nociones Básicas entorno Windows: El ratón, el escritorio, la barra de tareas, los iconos, las ventanas, cerrar. La barra de tareas. Mi PC. El Panel de Control. Impresoras. La papelera

1. Indica cuál de los siguientes elementos se considera Hardware Básico:

a) CPU.
b) Tarjeta Wifi.
c) DVD.
d) Ninguna de las anteriores.

2. ¿Cuál de los siguientes elementos se puede considerar como Dispositivo de Entrada/Salida bidireccional?

a) Monitor.
b) Tarjeta de red.
c) Teclado.
d) Impresora.

3. Completar la frase. Los datos ………….. se obtienen del procesador, tras el procesamiento de los datos de entrada:

a) Salida.
b) Finales.
c) Intermedios.
d) Interiores.

4. El principio en relación a los datos e información en un sistema que indica que todos los datos necesarios para generar la información estén disponibles se denomina:

a) Integridad.
b) Encriptación.

c) Unidad.
d) Ninguna de las anteriores.

5. El CD óptico tiene una capacidad de almacenamiento aproximada de:

a) 4 GB.
b) 1 TB.
c) 4.7 GB.
d) 700 MB.

6. La diferencia fundamental entre un disco duro tradicional y un SSD estriba en que:

a) El SSD es más rápido.
b) El SSD no dispone de cabezales.
c) El disco duro dispone de mayor capacidad de almacenamiento.
d) Todas son correctas.

7. ¿El formato de archivos ext2 es típico de que Sistema Operativo?

a) Windows.
b) Linux.
c) Mac.
d) Ninguna es correcta.

8. ¿Por qué cantidad de bits está formado un byte?

a) Por 16.
b) Por 8.
c) Por 2.
d) Por 32.

9. ¿Cuál de las siguientes funciones no se encuentra al hacer clic derecho sobre el escritorio?

a) Configurar pantalla.
b) Personalizar iconos del sistema.
c) Ordenar iconos por nombre.
d) Cambiar la fuente del sistema

10. ¿Qué elemento del escritorio permite acceder a las aplicaciones ancladas y abiertas?

a) Menú Inicio.
b) Escritorio.
c) Barra de tareas.
d) Explorador de archivos.

11. ¿Qué acción realizamos al pulsar la combinación de teclas Windows + D?

a) Se abre el Explorador de archivos.
b) Se minimizan todas las ventanas para mostrar el escritorio.
c) Se abre el menú de configuración rápida.
d) Se activa el modo avión.

12. ¿Cuál de las siguientes aplicaciones sí forma parte del grupo de aplicaciones básicas en Windows 11?

a) Excel.
b) Bloc de notas.
c) Power BI.
d) Edge Dev.

13. ¿Qué permite la nueva barra de herramientas del Bloc de notas cuando trabajamos con archivos .md?

a) Insertar tablas de Excel.
b) Añadir enlaces y texto con formato.
c) Cambiar el nombre del archivo.
d) Cifrar el contenido del documento.

14. ¿Qué opción de la calculadora permite saber cuántos días hay entre dos fechas?

a) Modo programador.
b) Modo conversión.
c) Cálculo de fechas.
d) Cálculo financiero.

15. Al realizar una búsqueda avanzada desde el explorador de Windows 11, en la fecha de modificación, cual no es una opción correcta:

a) El mes pasado.
b) Este año.
c) Mes actual.
d) El año pasado.

16. ¿Cuál de las siguientes opciones no es operador booleano valido para buscar desde el explorador de Windows 11?

a) AND.
b) OR.
c) NOT.
d) NOR.

17. Para seleccionar varios elementos alternativos:

a) Mantenemos pulsada la tecla Shift y hacemos clic sobre los elementos.
b) Hacemos clic en el primero de los elementos y mantenemos pulsada la tecla Shift y hacemos clic sobre el último de los elementos.
c) Mantenemos pulsada la tecla Ctrl y hacemos clic sobre los elementos.
d) Hacemos clic en el primero de los elementos y mantenemos pulsada la tecla Ctrl y hacemos clic sobre el último de los elementos.

18. Para mover una carpeta lo que hacemos es:

a) Cortar y Mover.
b) Copiar y Pegar.
c) Mover y Pegar.
d) Cortar y Pegar.

19. ¿Cuál de las siguientes opciones no es una visualización de los archivos de Windows 11?

a) Iconos muy grandes.
b) Iconos.
c) Iconos medianos.
d) Iconos pequeños.

20. Podemos decir que la letra "A" en las unidades:

a) Está en desuso y solía ser para disqueteras.
b) Es para unidades extraíbles.
c) Depende de la existencia de unidad B.
d) Para grabadoras de DVD/CD.

En MADTEST tienes **más preguntas de este tema**, y todos tus avances quedan registrados y se reflejan en el ranking.

¡Supera tus límites con MADTEST!

Solución al test n.º 7

1. a) CPU.

2. b) Tarjeta de red.

3. c) Intermedios.

4. a) Integridad.

5. d) 700 MB.

6. d) Todas son correctas.

7. b) Linux.

8. b) Por 8.

9. d) Cambiar la fuente del sistema.

10. c) Barra de tareas.

11. b) Se minimizan todas las ventanas para mostrar el escritorio.

12. b) Bloc de notas.

13. b) Añadir enlaces y texto con formato.

14. c) Cálculo de fechas.

15. c) Mes actual.

16. d) NOR.

17. d) Hacemos clic en el primero de los elementos y mantenemos pulsada la tecla Ctrl y hacemos clic sobre el último de los elementos.

18. d) Cortar y Pegar.

19. b) Iconos.

20. a) Está en desuso y solía ser para disqueteras.

Cómo acceder al Curso

Celador/Subalterno
Test del temario

El uso de los códigos **es exclusivo de los compradores de los productos de Editorial MAD**. Cada producto posee un código único y de un solo uso. Es personal e intransferible y da acceso a servicios y contenidos adicionales. Editorial MAD se reserva el derecho de hacer cuantas comprobaciones sean necesarias para identificar al legítimo poseedor del código y dejar de dar servicio a quien haga uso fraudulento del mismo, además de emprender cuantas acciones legales estime oportunas según la legislación vigente.

Deberás acceder a:

mad.es/registro-campus

Si una vez aceptadas las condiciones de uso del Campus decides hacer uso del mismo, necesitarás del siguiente código de acceso junto con los códigos del resto de títulos que se exigen (si fuera el caso):

3QH5SF4ALZ